JN310637

さんずい

写真　野呂希一
文　池藤あかり

青菁社

第1章 水のゆくえ

水のゆくえ 06
水 08
源 10
泉・湧・滾 11
滝・瀑・活 13
渓 14
淵・潭・瀞 15
河・永・江 17
湖・漫 18
淼・渺 19
沼・泥 20
沢・湿・沮 21
池・治 22
濠・溝・溜 23
海 24
浜・浦 25
洋・洸・浩 27
沖 28
灘・湘 29
港・湊 30
湾・津・泊 31
漁・汕 32
澪・泛・漕・浬 33

第2章 水のすがた

水のすがた 36
氷 38
冴・凍 39
冷 40
凛・凝・凋 41
消・滅 42
溶・液・減 43
浮・渦 44
漂・泡・沫 45
沈・没 46
浸・漬・涵・澱 47
流・派・決・溯 49
注・灌 50
沐・浴・沃 51
激・洪 52
涯・洞・湍 53
深 54

滄・潜・測 55
浅 56
瀬・潟・洲 57
浄・滌 58
洗・濯・淘・汰 59
濁・混 60
沌・汚・渋・滞 61
満・湛 62
張・氾・濫・溢 63
潤・濡 64
滑・油・泰・沾 65
滴 66
涙・涕・泣 67
滲・滋 68
漆・漸・淋 69
渇・涸 70

漠・涅・滓 71
湯・沸 72
温・汽 73
濃 74
淡 75
清 76
澄・淑・涼・潔 77
波 78
漣 79
浪・濤 80
潮・汐 81
渚 82
汀・沙 83
沿・添 84
渡・泳・渉・游 85

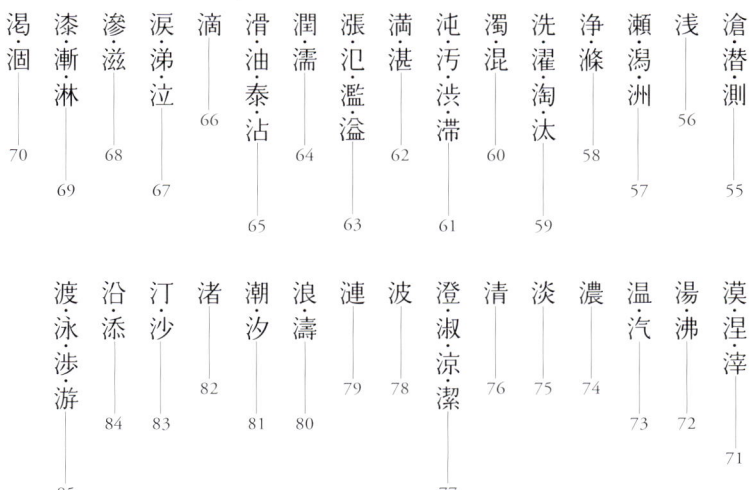

索引 88
参考文献 95
奥付 96

【本書について】

■本書では、さんずいの漢字を選び、字のなりたちやその字にまつわる小話、関連する熟語を集めました。

■文字タイトルの読みは、一般的に使う呼び方を優先しました。訓読みはひらがなで、音読みはカタカナで表記しました。

■字のなりたち、意味、文字についての記述はさまざまな資料に基づいていますが、最終的には編者の解釈によってまとめたものです。

■縦組の文章は池藤が、図版下の横組の文章は野呂が担当しました。

水の色が変幻するオンネトー　北海道足寄町

さんずい
思い浮かべるのはなんでしょう
部首　漢字　熟語……
辞書をたどれば　文字が滾滾と溢れだしてきます

それらは湧水のようなもので
その源をたずねていくと
ものの形や音　永永と続く人々のありさま　風土
そして風景が見えてきます

日本が漢字を受け入れて
やまとことばを当てはめ　ひらがなを作り
また新しい漢字を作りだしたり　意味を付け加えたりして
文字は
この日本と　私たちとともにあるように変化してきました

ことば　文字　人　風景は
巡りゆく水のように　どこかでつながっています

さんずいのさまざまな文字からも
見えてくる風景があるでしょうか

時にはそんな風に
文字を楽しむのもよいかもしれません
そんなちょっとした旅へ
本書が片隅のみちしるべとなりますように

十和田湖を水源とする奥入瀬渓流　青森県十和田市

第1章

水のゆくえ

お水送りが行われる遠敷川の鵜の瀬　福井県小浜市

水

みず
スイ

水しぶき点々と散る、せせらぎの形。

海水となり地表面積の七割を覆い、水蒸気となり大気中に拡散し、水滴となって雲や霧などを生じ、雨となり雪となり地表へと降る。

そして、河川を通り、地下水を通り、海へと戻る。

地球が存在する限り永遠に繰り返される、万物の命のみなもと。

意味
自然界に広く存在する透明な液体。

小又峡　秋田県北秋田市

【天つ水】あまつみず
天の水。雨。

【水馬】あめんぼ
水上に浮んで滑走する昆虫の名。

【細小水・潦水】いさらみず
少し溢れこぼれ出る水。

【一水】いっすい
一筋の流れ。一滴の水。

【糸水】いとみず
軒から糸のように細く落ちる雨水。あまだれ。

【埋れ水】うもれみず
草木の陰に隠れて見えない水。

【復水・変若水】おちみず
飲めば若返るという水。

【男水】おとこみず
硬水。

【女子水】おなごみず
軟水。

【水母】くらげ
水中で浮遊生活を送る刺胞動物の総称。海月。

【行雲流水】こううんりゅうすい
動く雲、流れる雲のように物事に執着せず自由な気持ちでいるさま。

【水雲】すいうん
水と雲。転じて、大自然。

【水火】すいか
水と火。水に溺れ火に焼かれる苦痛。そのような危険や苦しみのたとえ。

【水界】すいかい
地球上の表面上で、水が占める部分。水圏。

【水玉】すいぎょく
水晶。玉のように飛び散る水滴。雫。

【水月】すいげつ
水に映る月影。万物には実体がなく、空であることのたとえ。

【水国】すいこく
水辺の土地。川や湖などの多い国。

【水山】すいさん
水と山。自然。

【水食】すいしょく
雨水や流水などが地面や岩石などをしだいに削っていくこと。

【水声】すいせい
水の流れる音。

【水天一色】すいてんいっしき
晴れ渡った海の沖合で、水と空とがひと続きになっていること。

【水土】すいど
その土地の気候や風土。

【水巴】すいは
うずまき。

【水晴】すいばれ
雨が降ること。

【水明】すいめい
水が澄み清らかなこと。

【水嵐】すいらん
暴風雨のため、海上が荒れること。しけ。

【水理】すいり
地下水の流れ。水のみち。

【高水】たかみず
増水。洪水。

【玉水】たまみず
水または滝の美称。

【出水】でみず
洪水。

【逃水】にげみず
蜃気楼の一種。

【根無し水】ねなしみず
源の無い、たまり水。

【万水】ばんすい
多量の水気。多くの川、または海。

【日向水】ひなたみず
日向で温められた水。

【碧水】へきすい
青く深く澄んだ水。

【水茎】みずぐき
筆。筆跡。手紙。

【水氷】みずごおり
張りかけの薄氷。

【水霜】みずしも
露。まだ霜の形をなさない冷たい露。

【水増雲】みずまさぐも
雨の前兆とされている雲。うろこ雲。

【水輪】みずわ
水面にできる円形の波紋。

【燃ゆる水】もゆるみず
石油などの古称。

【雪消水】ゆきげみず
雪どけの水。

【寄辺の水】よるべのみず
かめに入れて神前に供え、心霊を寄せる水。

【忘れ水】わすれみず
野中などに絶え絶えに流れて、人に知られない水。

日本の滝100選、雨滝の渓流　鳥取県鳥取市

源

みなもと
ゲン
ガン

「厂《がけ》」と「泉」を合わせた「原」は、崖の間から水が流れ落ちている形で、水源の意。後に野原の意味として用いられるようになったため、「源」の字が作られた。和訓は、「水之本《みのもと》」が転じたもので、「な」は「の」の意。

意味 水の流れが始まる所。物事の起こったり、始まったりするもと。

【起源】きげん
物事のおこり。発源。

【源流】げんりゅう
みなもとの流れ。

【遡源】そげん
事の根本をきわめること。

【桃源】とうげん
仙境。桃源郷。

【抜本塞源】ばっぽんそくげん
樹木の根を抜き取り、水の源を塞ぐ意から、物事の根本となる原因を除き去り、再び弊害が起こらないようにすること。

泉

いずみ
セン

岩の間から水の流れ落ちる形。和訓は「出水《いでみ》」が転じたものが語源とされる。「出湯《いでゆ》」となれば温泉。

意味 **地中からわき出てくる水。物事のでてくるもと。**

【泉下】せんか
死後の世界。黄水《よみ》。泉界。

【泉声】せんせい
泉の水が流れ出るひびき。

【泉石】せんせき
山や川など自然の景色。

【泉地】せんち
砂漠で泉のわく所。オアシス。

【泉脈】せんみゃく
地中の水の流れ。

【玉の泉】たまのいずみ
玉のように清く透き通った泉。

【飛泉】ひせん
高い所から落下する水。滝。

湧

わく
ユウ
ヨウ

本字は「涌」。「甬」は筒形の容器の形。筒は空洞で、その中を行くと「通」、中に虫がいると「蛹《さなぎ》」の字になる。

「甬」に「力」を加えたのが「勇」。「力」は農具のすきの形で、力を要する作業ゆえにその意味が生まれた。「湧」は、筒の中を水が勢いよく上がってくることを表わす字。

意味 **水がわき上がる。あふれる。**

【湧溢】ゆういつ
水がわき出てあふれる。

【湧出】ゆうしゅつ
地中から液体がわき出る。

【湧昇】ゆうしょう
海洋で、深層水が水面までわき上がってくる現象。

【湧魚】わきな
魚の大群が密集し浮遊してくること。

滾

たぎる
コン

「たぎる」は「瀧」と同源。「瀧」は太古、「たぎ」と濁音で読んでいたという。

意味 **水の盛んに流れて尽きないさま。たぎる。こぼれる。また、物事の尽きないさま。**

【滾滾】こんこん
水が絶えずに流れるさま。

【滾転】こんてん
転がること。

【滾沸】こんふつ
水が盛んに沸き出る。

元滝伏流水　秋田県にかほ市

日本名瀑の一つ、華厳滝　栃木県日光市

滝

たき
ロウ

旧字は「瀧」で、雨が降りこめる、急流の水の意味。日本でも古くはその字義を用い、滝は「垂水《たるみ》」といった。

意味 **雨が降りしきる。急流。高い崖から激しく流れ落ちる水。**

【凍滝】いてたき
凍った滝。

【白滝】しらたき
白布を垂れたように流れ落ちる滝。

【滝風】たきかぜ
滝が立てる風。

【滝口】たきぐち
滝の水が落ちる所。

【滝壺】たきつぼ
滝の真下にある淵。

【滝波】たきなみ
落下する滝の水。

【滝滝】ろうろう
水の流れる音。

瀑

バク

「暴」は獣屍が日にさらされて、乾いてバラバラになっている形。火の勢いで激しい音をたてながらはじけ飛ぶ意の「爆」や「曝《さら》す」などの語がある。

意味 **滝。激しく降る雨。にわか雨。水がしぶきをあげるさま。**

五老ヶ滝
熊本県山都町

【瀑雨】ばくう
夕立。

【瀑水】ばくすい
滝水。

【瀑声】ばくせい
滝の音。

【瀑布】ばくふ
滝。

【瀑布線】ばくふせん
同方向に流れるいくつかの河川の滝や早瀬が、山地と平野の境に生じてほぼ一線上に並ぶ地形。

【瀑沫】ばくまつ
滝のしぶき。

【瀑流】ばくりゅう
滝のような流れ。

【飛瀑】ひばく
高い所から落ちる滝。

【落瀑】らくばく
滝の水が激しく流れ落ちるさま。

活

いきる
カツ

「舌」はもと「𠯑」で、祝禱《しゅくとう》の器を曲刀で削る形。呪能をそぐことで、自己を活かすことになる。「カツ」と威勢のよい音から、「聒《かまびす》しい」の語も。「聒聒児」とは、秋にひときわ騒がしい轡虫《くつわむし》のこと。

意味 **いきる。命を保っている。いきいきしている。よみがえる。**

【活活】かつかつ
水の盛んに流れる音のさま。

【活殺】かっさつ
活かすことと殺すこと。

【活水】かっすい
波が立つなど水面が静止していない水。

【活門】かつもん
逃げ道。

【活路】かつろ
死から逃れ助かる道。

天下一の渓流と讃えられる奥入瀬　青森県十和田市

渓

たに
ケイ

旧字は「溪」。「奚」の字は、頭上に髪を結いあげた女子の形。曲がりくねって長く続くものという意がある。

意味　**大地の窪んだ所。山と山との間のくぼみを流れる小さな川。谷川。**

【渓雨】けいう
谷間の雨。

【渓雲】けいうん
谷の雲。

【渓壑】けいがく
深い谷。欲深く満足の知らないことのたとえ。

【渓月】けいげつ
谷間の月。

【渓声】けいせい
谷川の水音。

【渓嵐】けいらん
谷にたちこめるもや。谷あいの山気。

【渓流瀑】けいりゅうばく
傾斜のある岩の上を滑るように流れ落ちる滝。

【渓間】たにま
谷の中。

淵

ふち
エン

「𠁁」は、水がめぐり流れる形。「渕」は俗字。

意味 水の流れが滞り、深くなった所。浮かびあがることのできない苦しい境遇。

【淵意】えんい
深い心。

【淵淵】えんえん
深く静かなさま。

【淵原・淵源】えんげん
物事の根源。

【淵古】えんこ
遠い昔。

【淵智】えんち
深い智恵。

【淵黙】えんもく
奥深く静かであること。

【海淵】かいえん
海底の特に深いくぼ地。

【池魚故淵】ちぎょこえん
池の魚が故郷の淵を懐かしむことから、望郷の念。

潭

ふち
タン

旧字では、右の字は「覃」。壺状の器の中に物を満たしている形。長く閉じ込めて、熟成することをいい、深い意を表わす。

意味 ふち。底が深く、水が淀んでいる所。

木曽川
長野県大桑村

【潭影】たんえい
深い淵の色。

【潭淵】たんえん
深い淵。

【潭奥】たんおう
奥深い。奥底。

【潭月】たんげつ
深い水に映る月。

【潭思】たんし
深く思う。

【潭湫】たんしゅう
深い池。

【潭上】たんじょう
淵のほとり。

【潭深】たんしん
淵が深い。学問などが深い。

【潭潭】たんたん
水を深くたたえているさま。

【潭府】たんぷ
水の深くたたえて集まった所。他人の邸宅の尊称。

瀞

とろ
セイ
ジョウ

「静」は、「青（靑）」と「争（爭）」に従う字。「青」は岩緑青の青丹から作る絵の具。「争」は農具のすきを手で持つ形。すきを青丹で塗り、虫害を防ぎ、耕作のやすらかなことを願った儀礼に由来する字である。

和訓は、動きが鈍いという意の「とろし」の略とされる。

意味 川底が深く、水の流れの静かな所。清らかなさま。

【瀞み】とろみ
上げ潮が満ちて引き始めるまで、海面が静まり返っている状態。魚の群れが海面にひしめいて、その一帯が黒く盛り上がっている状態。

【瀞む】とろむ
水面が波立たないで油を流したように静まる。

台高山脈より流れ出て伊勢湾に注ぐ櫛田川　三重県松阪市

河

かわ
カ

「可」は、激しい流水の音を写したものとされる。和訓も「ガハガハ」と水の流れる音から来たという。

「川」の字は屈曲する三本の水脈を表わしたもの。豪雨などで激しく屈曲すれば破壊をもたらし、「災い」となる。

意味 かわ。水が集まって地表を流れるものとして、特に大きな川に使うことがある。

【河雲】かうん
天の川。

【河海】かかい
河と海。広大なもの。

【河風】かふう
川風。

【河明】かわあかり
暗い中で、河の表面がほのかに明るいこと。

【暗河】くらごう
洞窟の奥に湧く湧水。

永

ながい
エイ

水の合流する形。支流に流れ込んだり、本流に集まったりしながら、どこまでも流れ続ける。その長さから、時間の長久の意に用いる。

意味 ながい。時間の限りなくいつまでも続く。

【永永】えいえい
永く続くさま。いつまでも。

【永訣】えいけつ
死別。

【永日】えいじつ
日中の長いこと。のどかな春の日。日永《ひなが》。

【永世】えいせい
限りない世。

【永慕】えいぼ
永久に忘れずに、慕うこと。

【常永久】とことわ
永久に変わらないこと。

江

え
コウ

「工」には、左右に渡り、ゆるやかに曲がるものの意がある。中国では「長江」をさす。全長約六三〇〇キロメートルで、中国第一の大河。

意味 大きな川。淡水の湖。中国などで大きな川につける語。

【江鮭】あめのうお
ビワマスの別名。

【江雨】こうう
川面の雨。

【江花】こうか
川べりの花。

【江月】こうげつ
河の上に照る月。

【江湖】こうこ・ごうこ
川と湖。世の中。都から遠く離れた地。

【隠り江】こもりえ
陸地に入り込んで隠れて見えない入江。

北限の不凍湖、周囲50km、最深約180m の洞爺湖　北海道壮瞥町

湖

みずうみ　コ

「胡」は牛のあごの下の垂れた肉。ペリカンのあご袋など、大きく膨らんだ余分のものの意がある。流れから外にはみ出た大きな池をいう。

日本最大の琵琶湖は、面積順位で世界の百八〇番目くらい。世界一はカスピ海。

意味　四面を陸に囲まれ、中に淡水を湛えたもの。海より小さく、沼、池より大きい。中央部は沿岸植物の侵入を許さない深度をもつもの。水海。

【湖雲】こうん
湖上の雲。

【湖煙】こえん
湖上に漂うもや。

【湖海】こかい
湖と海。世の中。

【湖色】こしょく
湖水の色。

漫

そぞろ　すずろ　マン

「曼」は、頭衣を引いて、目が下にあらわれている形。婦人の美しい目もとをいう。

意味　とりとめがない。気の向くまま。

【漫ろ心】すずろごころ
浮ついた心。

【漫ろ言】すずろごと
とりとめのない話。

【漫ろ雨】そぞろあめ
小降りだが、いつまでもやまずに降る雨。

【漫ろ神】そぞろがみ
人の心に取りついて、落ち着かなくさせる神。

【漫言】まんげん
でまかせ。

【漫歩】まんぽ
あてもなくぶらぶら歩く。

【漫漫】まんまん
広々としたさま。

淼

ビョウ

水を三つ集めて、水の大いなるさま。

「囁《ささや》く」「轟《とどろ》く」など同じ漢字を三つ重ねたものは多い。「鱻《セン》」は魚、「羴《セン》」は羊の生の臭い。これを合わせて新鮮、鮮度の「鮮」の字が作られた。

意味 広い。水の果てしなく続くさま。

【淼浩】びょうこう
水が果てしなく広いさま。

【淼淼】びょうびょう
物水が果てしなく広いさま。

【淼茫】びょうぼう
水のひろびろとしたさま。

【淼漫】びょうまん
水が果てしなく広いさま。

【淼寥】びょうりょう
果てしなく広く、さびしいさま。

渺

ビョウ

「淼」が水の果てしない広がりを表わすのに対し、「渺」はことの際涯のない状態についていう。

意味 果てしないさま。はるか。

【雲烟縹渺】うんえんひょうびょう
物事に深く執着しないたとえ。雲や霞がはるか彼方をたなびいているさま。

【渺遠】びょうえん
はるかに遠い。

【渺乎】びょうこ
非常に小さいさま。

【渺然】びょうぜん
はるかなさま。

【渺渺】びょうびょう
遠く遥かなさま。

【渺茫】びょうぼう
遠くかすかなさま。よりどころがなく、あてにならないさま。

駒ヶ岳の堰止湖、大沼公園の小沼の最深は4.4m　北海道七飯町

沼

ぬま
ショウ

水深が五〜一〇メートル以上を湖、五メートル以下を沼というが、例外も多い。

意味 湖より浅くて、泥の多い所。

【浮沼】うきぬま
泥深い沼。

【水籠り沼】みごもりぬま
草などが茂り水の表面が見えない沼。隠沼《かくれぬ》。

泥

どろ
なずむ
デイ

「尼」は、人が後ろからもたれかかる形。親しむ、粘りつく意がある。

意味 水が混じり、やわらかくなった土。

【雲泥万里】うんでいばんり
雲(天)と泥(地)ほど距離があり、違いのはなはだしいたとえ。雲泥の差。

【泥縄】どろなわ
事が起こってからあわてて準備すること。

沢

さわ
タク

旧字は「澤」。水と草の交わる湿地をいう。

意味 浅く水がたまり、草の生えている湿地。つや。うるおい。

【手沢本】しゅたくぼん 故人愛用の書。

【沢雨】たくう 万物をうるおす雨。慈雨。

【沢潤】たくじゅん 恵みがゆきわたる。

【親沢】むさわ 小さな谷沢をいくつも含む大きな谷沢。

水芭蕉と立金花の咲く婆沢
北海道黒松内町

湿

しめる
シツ

旧字は「濕」。「日」は玉《ぎょく》の形、「㬎」は糸飾りで、神降ろしの呪儀に用いる。湿潤の地は、神のあらわれる場所として儀礼を行う所であり、信仰の対象とされた。神のあらわれることを、顕在の「顕（顯）」という。

意味 しめった所。しめる。うるおう。気が沈む。

【湿雲】しつうん 雨雲。

【湿原】しつげん 湿地に広がる草原。

【湿潤】しつじゅん うるおう。

【湿翠】しっすい 深い緑。

【湿風】しっぷう しめった風。

【湿湿】しゅうしゅう 水面が揺らぐさま。

栗駒山の須川湿原
秋田県東成瀬村

沮

ソ
ショ

「且」は、低湿の地。交通が阻害されるので、はばむ、さまたげるの意味になる。

意味 湿気の多い湿地。はばむ。遮って止め、邪魔をする。くじける。

【沮壊】そかい 崩れ壊れる。

【沮害】そがい はばむ。

【沮洳】そじょ 標高が低く、水はけの悪い湿った土地。沮洳場は牢獄をいう。

【沮喪】そそう 気力がくじけること。

【沮抑】そよく はばみ抑える。

北嵯峨、大覚寺庭園の大沢池　京都市右京区

池

チ　いけ

水が本流からはみ出して、そのまま滞る所を示す字。

意味 窪地に水がたまったもので、湖より小さい。

【池上】ちじょう
池のほとり。

【池心】ちしん
池の中央。池の底。

治

チ　おさめる

右側の「台」は、祓い清める、すべて条理にしたがって、事を治めるの意。古代中国では、治水は支配者にとって最も重要であった。

意味 世の中が平和な状態になる。おさまる。

【治国】ちこく
国を治める。

【治山】ちさん
はげ山にならぬよう植林して水害を防ぐこと。

【治平】ちへい
世の中が平和なこと。

濠

ほり
ゴウ

城を守るための堀。堀底には、敵の侵入を防ぐための様々な工夫がある。田畑の畦のように底を細かく仕切った「濠障子《ほりしょうじ》」、薬研《やげん》のように堀底が尖った「薬研濠」。「三日月濠」は武田氏がよく用いたもの。

意味 敵の侵入を防ぐため城の周囲を掘り、水を湛えたもの。地面を掘って水をためたもの。

【内濠】うちぼり
城の内部の堀。

【空濠】からぼり
水のない堀。

【環濠集落】かんごうしゅうらく
堀をめぐらして、外敵に備えた集落。

【外濠】そとぼり
城の外郭の堀。

皇居外濠
東京都千代田区、新宿区

溝

みぞ
どぶ
コウ

灌漑用の水路をいう。田中の用水路を「洫《キョク》」、一般の水路の大きいものを「渠《キョ》」、それぞれの小さいものを「溝」という。

意味 地面を細長く掘って水を通す所。

【荒溝】あらみぞ
水のない溝。

【溝壑】こうがく
谷を自然の溝とみなして、たにま。

【儲溝】まけみぞ
池水の溢れる時、溝を設けて水を流れさせること。

【溝埋】みぞうみ・みぞうめ
田に水を引く灌漑用の溝を埋めて水を通さなくすること。

廻堰大溜池から見た岩木山
青森県鶴田町

溜

ためる
リュウ

「留」は溢れた水を溜めて、田に灌漑する意。

意味 水たまり。たまる。物が少しずつ集まる。

【溜息】ためいき
嘆息。

【溜色】ためいろ
漆を塗り溜めたような色。小豆色。飴色。

【溜飲】りゅういん
胸やけのこと。胸がすく、不平不満が解消され、気分が落ち着くことを「溜飲が下がる」。

【溜雨】りゅうう
雨だれ。

【溜滴】りゅうてき
滴が落ちる。

【溜溜】りゅうりゅう
水が流れそそぐ音。

波の穏やかな内浦湾　北海道長万部町

海

うみ
カイ

四六億年前、生まれたばかりの地球には海がなかった。いくつもの隕石が落ち、衝突する時に水蒸気を放出し、原始大気を作った。隕石の落下が治まり、地球の温度が低くなると、大気中の水蒸気が水となって大量に降り注いだ。

その大いなる溜まり水が海だ。その海からバクテリアが誕生し、生物の歴史が始まった。伊邪那岐《いざなぎ》、伊邪那美《いざなみ》の国産みより、「産《うみ》」に由来するとも言われる、海。

意味 あらゆる川、あらゆる水が集まり、注ぎこまれていく所。大海を天池ともいう。

【一天四海】いってんしかい
天下の全てのこと。全世界。

【海堺・海界】うなさか
海神の国と人の国とを隔てるという境界。海の果て。

【海食・海蝕】かいしょく
波や潮流が海岸や海底を削り取ること。

【天空海闊】てんくうかいかつ
大空と海の広々したさま。度量が大きいこと。

【海神】わたつみ・わだつみ
海神。海のこと。わたつうみ。

日本の渚100選、白砂青松100選、熊野灘の七里御浜　三重県熊野市

浜

―はま
ヒン

正字は「濱」。「賓」は客神を迎える儀礼の意。古く水辺で行われた、葬送の俗に伝わる字とされる。和訓では、「端海《はあま》」に由来するという。

意味 海、湖の水際に沿った平地。波打際。厳密には、潮が最も引いた時の海と陸の境界線である低潮線と、満潮の時に波が陸に及ぶ限界との間。

【浜辺】はまべ
浜のほとり。海辺。海浜。

浦

―うら
ホ

「甫」は水際を表わす。水際は霊を迎え、送る所である。水神祭祀のとき、神を浦に迎えることを歌うものが多い。

意味 海や湖が湾曲して陸地に入り込んだ所。

【浦浦】うらうら
至る所の浦。

【浦曲】うらみ・うらわ
海辺の曲って入りこんだ所。

宇和海の三崎灘　愛媛県伊方町、佐田岬

洋
ヨウ

太平洋は世界最大の大洋。冒険家マゼランが航海中、好天に恵まれ嵐に遭遇しなかったことから、「マール・パシフィコ(穏やかな海、太平の海)」と名付けた。日本で「太平洋」の名に統一されたのは明治後半以降。

意味 果てしなく広がっている。広い海。外国。

【遠洋】えんよう 陸地を遠く離れた大海。

【汪洋】おうよう 水面などの広々としたさま。

【海洋】かいよう 広々とした海。

【前途洋洋】ぜんとようよう 将来の見通しが開ける様子。

【茫洋】ぼうよう 果てしなく、広々としたさま。

【洋溢】よういつ 満ち溢れ、広がる。

洸
コウ

「光」は、人を表わす「儿《じん》」の頭上に大きな火をいただく姿を示す。火は古く神聖なものであり、儀礼に聖火が用いられている。この場合の火は日の光と関係し、凸面鏡を用いて陽光によって聖火を取る方法と深く関わるものとされる。和訓の「ひかり」も、太陽が輝く意の「日赫《ひかが》る」に由来するという。

意味 水がわいて四方に広がるさま。水が深く広く湛えられていること。勇ましい。

【洸洸】こうこう 水勢のすさまじいさま。また、人の激しく怒るさま。

【洸洋】こうよう 広々と果てしないさま。

【洸瀁】こうよう 水が豊かなさま。

【洸朗】こうろう 水波が揺れ動くこと。

浩
コウ

水の勢いが果てしなく盛んなさまを表わす。

意味 水が豊かで、ひろびろとしているさま。豊か。

【浩飲】こういん 大いに酒を飲むこと。

【浩劫】こうこう 未来永遠にわたる時間。

【浩浩】こうこう 広大なこと。

【浩笑】こうしょう 大いに笑うこと。

【浩蕩】こうとう ゆったりと豊かなさま。

【浩渺】こうびょう 広く遥かなさま。

【浩漫】こうまん 大きくて広いさま。

【浩露】こうろ たくさんおりた露。

日本海の沖に見える利尻島　北海道礼文町

沖

おき
チュウ

「中」は水の深く静かなさまをいう。和訓は「奥」に通じる。波打際から沖をみると水平線にあたる。その距離は約五キロと意外に短い。

意味 海上の、陸より遥か遠い所。心の中。深い。

【沖合】 おきあい
沖の方。

【沖つ荒磯】 おきつありそ
波の荒い沖合の海中に隠れている大きな岩。

【沖つ風】 おきつかぜ
沖を吹く風。

【沖つ国】 おきつくに
海を隔てて遠くにある国。死者のすむ世界。

【沖を漕ぐ】 おきをこぐ
技芸などが優れた境地に達すること。海辺の「辺《へた》」を「下手」とかけ、沖が海辺と反対であるところから、「上手」の意とする。

【沖子】 ちゅうし
幼子。

【沖静】 ちゅうせい
無心でおだやか。

【沖天】 ちゅうてん
天高くのぼる。

【沖和】 ちゅうわ
おだやかな気。

瀬戸内海、水島灘の夕日　岡山県倉敷市

灘

なだ
タン
ダン

「難」は、急流、流れの速い浅瀬の意。和訓は、「波高《なだか》」の略とも言われる。困難、難所の「難」の意味を加えて、波の荒い沖べの意となった。

意味　海や風や波が荒い所。水が浅くて岩石が多いうえ、流れが早く、航海に危険な場所。

【急灘】きゅうだん　河の流れの速い所。

【灘響】だんきょう　急流の音。

⿰氵和

なぎ

国字。「和」は、「口」に「禾」。「禾」は軍門の象で、「口」は盟約などの文書をおさめる器。軍門の前で盟約し、講和を行う意味。

日本人が作った文字である国字には、「鰯《いわし》」「鮃《ひらめ》」「鱈《たら》」など、海の魚が多い。黄河流域に栄えた中国の古代文明は海と接する機会に乏しく、一方、四方を海に囲まれた日本は、古くより海と深く関わってきた。国字から、文化の違いの片鱗を垣間見ることができる。

意味　海上の風や波が穏やかなさま。

美しい海食海岸が続く但馬御火浦の小さな漁港　兵庫県新温泉町

港

—— みなと　コウ

「巷」は、往来する山里の通路の意。舟の通る水路で「港」となる。

意味 河海の水の出入りする口。舟の泊まる所。

【港魚】こうぎょ　養魚。

【港口】こうこう　港の入口。

【港風】みなとかぜ　港に吹いてくる風。

【港路】みなとじ　港のある道路。

湊

—— みなと　ソウ

「奏」は、供え物を集めて神前に向けて進めるさま。集まるとの意味から、水路の集まる所、「みなと」の意を表わす。

意味 港。集まる、多くの物が集まる。

【年の湊】としのみなと　年の暮。

【春の湊】はるのみなと　春の終わり。

【輻湊】ふくそう　方々から物資の集まること。

湾

ワン

旧字は「灣」。「彎」は、弓を引きしぼって、その弓が弓なりに曲がること。入海、入江のように湾曲した水辺を表わす。

意味 海が陸地に大きく入り込んでいる地形。湖の入江についてもいう。

【峡湾】きょうわん 氷河の浸食によってできた湾。フィヨルド。

【内湾】ないわん 奥行きが深い湾。波が静かに打ち寄せる。

【湾刃】のたれば 波のうねるような刃文。

【湾渓】わんけい 曲がりくねった谷。

【湾頭】わんとう 入江のほとり。

【湾湾曲曲】わんわんきょくきょく ひどく入り込んでいること。

津

つ　シン

「聿」の正字は、「聿」と「彡」で針をもって皮膚を刺し、そこから体液のにじみ出る形。そこから潤う、溢れる意となる。和訓は「集う」の意から、船着き場を表わすとされる。

意味 しずくとなってしたたる液体。船着き場。港。

【津津】しんしん 好奇心などの気持ちが盛んに沸き起こるさま。

【津々浦々】つつうらうら あらゆる海岸や海岸。全国至る所。

【時津風】ときつかぜ 潮が満ちて来る時に入り江の中の津に向かって吹く風。順風。

那智湾
和歌山県那智勝浦町

佐賀関漁港
大分県大分市

泊

とまる　ハク

「白」は白骨化した頭蓋骨の形。そこから「白い」という意味になった。「泊」は、その意味と関係なく、水波の静かな、船を停泊させるのに適した所をいう。

意味 とまる、とどまる。舟が浅瀬に底をつけてとまる。

【泊まり山】とまりやま 鷹狩り前夜、未明に鷹を放つため山に泊まること。

【泊舟】はくしゅう 舟を岸べにとめること。

【泊如】はくじょ 心静かにいること。泊然。

【泊地】はくち 舟が停泊する所。

【漂泊】ひょうはく あちこちさ迷い歩き、一定の地にとどまらぬこと。

早朝から始められる津軽海峡の昆布漁　北海道函館市

漁

あさる
いさる
すなどる
ギョ
リョウ

「魚」は魚の形。
魚は古くは女性の象徴。妻を失った男「鰥《やもめ》」の右の字は、涙の落ちる形。

意味 魚をとる。あさる。むさぼり取る。

【漁火】いさりび
夜、魚を誘い寄せるために舟で焚く火。

【漁食】ぎょしょく
意のままに収奪する。

汕

サン

魚がゆうゆうと泳ぐさま。水中で音が伝わる速さは秒速一五〇〇メートルで、空気中の四倍以上。音が伝わる距離も長くなり、ヒゲクジラの声は、南極周辺からハワイまで届くそうだ。

意味 魚が水上に浮かぶ。魚をすくう網。

【汕々】さんさん
魚がみだれ泳ぐさま。

澪

みお
レイ

和訓は、「水緒《みお》」「水尾《みずお》」などが由来とされる。

意味 海や川の舟が通る水路。水脈。舟が通ったあとにできる水の筋。航跡。

【澪木】みおぎ
神事の時、僧尼の入るのを禁じた印として立てる木。

【澪筋】みおすじ
川や海の中で舟の通れる水路となっている深み。

【澪標】みおつくし
水路を示すために水中に立てた木の杭。

【澪引き】みおびき
水先案内をすること。

泛

うかぶ
ハン

「乏」は、仰向けの死者を象ったもの。水死者の漂流するさまをいう。

意味 浮かぶ。漂う。流れる。

【泛使】はんし
海を渡ってくる使者。

【泛舟】はんしゅう
舟を浮かべる。

【泛泛】はんはん
浮かび漂うさま。

【泛流】はんりゅう
浮かび流れる。

十三湖のシジミ漁
青森県五所川原市

漕

こぐ
ソウ

「曹」は水路で穀物を運ぶ意。一説に船で輸送することを「漕」、車で運ぶことを「転」という。

意味 水路。船で物を運ぶ。舟の通る道。

【阿漕】あこぎ
阿漕ヶ浦は三重県津市の海岸。伊勢神宮に供える魚をとる所だったため、殺生禁断の地となっていた。ある漁夫がその禁を度々犯したため、海に沈められたという。その伝説にちなみ、ずうずうしい、強欲なさまをいう。

【漕運】そううん
船で荷物を運ぶこと。

【漕手】そうしゅ
舟を漕ぐ人。

【漕転】そうてん
水運と陸運。

浬

かいり
リ

国字。「里」は、地上の距離を計る単位で、一里三・九二七三キロ。一里塚は江戸時代、街道に一里ごとに設けられた路程標。江戸幕府が江戸日本橋を起点とし、東海、中山、北陸の三道に築いたもので、多くはその上に榎や松を植えた。

意味 海上の距離の単位。海里の省略字。一浬は一八五二メートルで、一時間に一浬進む速度を一ノットという。

鳴門海峡で漁をする小舟
兵庫県南あわじ市

本州と北海道を隔てる津軽海峡、日本海の対馬海流の支流が激しい流れとなって太平洋側に流れている　北海道函館市

雪どけが進み、芽吹きも始まった栗駒山の田代沼　秋田県湯沢市

第2章

水のすがた

凍りついた谷川　北海道函館市

氷

こおり　ひ　ヒョウ

「氷」は「冰」の俗字。「冫（二水）」は、水が氷った時の表面にできる縮みを表わした字。

意味　**氷点下、水が固まったもの。水より軽く、水に浮く。**

【細氷】さいひょう
極めて小さい氷の結晶が空中に浮遊したり落下したりする現象。ダイヤモンドダスト。

【垂氷】たるひ
氷柱《つらら》のこと。

【氷面鏡】ひもかがみ
氷の表面が滑らかで鏡のように見えること。

【氷海】ひょうかい
一面氷で覆われている海。海水は約マイナス二度で氷る。

【氷筍】ひょうじゅん
マイナス三度程度の洞窟で、上から落ちる雫が氷り、長い筍のような形に成長したもの。

【氷天】ひょうてん
厳寒の地。

【氷霧】ひょうむ
水蒸気が細かい氷の結晶になって、大気中に浮遊している現象。視程が一キロメートル未満で、零下一〇数度の低温時に発生する。

冴え渡る厳寒の丘　北海道美瑛町

冴

—— さえる　ゴ

「牙」は、獣のきばが上下にかみ合わさった形。

意味　冷える。氷のように澄みわたる。

【冴え返る】さえかえる
寒さがぶり返す。光、音、風景がよく澄む。

【冴え冴え】さえざえ
すっきりと澄みわたり、すがすがしいさま。

凍

—— こおる　こごえる　いてる　トウ

一部分がわずかにこおる場合、「凍」の字は用いないが、現在では広く物が氷る意を表わす。

意味　氷が張り渡る。こごえる。

【永久凍土】えいきゅうとうど
少なくとも連続する二冬とその間の一夏を含めた期間より長い間、凍結している土壌。

【凍雨】とうう
冬の雨。

【凍樹】とうじゅ
冬枯れの木。

凍り始めた初冬の大沼湖畔　北海道七飯町

冷

つめたい
ひえる
さめる
レイ

「令」は、礼冠をかぶり、ひざまずいて神の啓示をうける人の形。黙して神の意志のままに従うことから、無感動の意がある。その啓示をおさめる器の形が「口」。天啓として与えられたものはつまり、「命」。

意味 冷やか。冷たい。ひやす。さます。

【冷雨】れいう
冷たい雨。

【冷艶】れいえん
冷たく美しい。

【冷月】れいげつ
寒月。

【冷厳】れいげん
落ち着いておごそかなこと。

【冷淡】れいたん
あっさりとして淡泊なこと。

【冷徹】れいてつ
冷静で物事の本質を見通していること。

【冷冷】れいれい
清く涼しいさま。

凜

リン

「稟」は、ひと所に引き締めておさめる意を含む。

意味 りりしいさま。引き締まってすきのない態度をいう。きちんと。

【凜気】りんき
冷気。

【凜乎】りんこ
りりしく勇ましいさま。

波しぶきが凍りついてツララ状になった
青森県十和田市、十和田湖

【凜秋】りんしゅう
寒さの厳しい秋。

【凜遵】りんじゅん
つつしんで守る。

【凜森】りんしん
すさまじいさま。ぞっとするさま。

【凜然】りんぜん
きりりと引き締まって勇ましいさま。

【凜冬】りんとう
厳冬。

【凜慄】りんりつ
ふるえおののく。

【凜凜】りんりん
寒さの身にしむさま。勇ましいさま。

【凜冽】りんれつ
寒気の厳しいさま。

凝

こる
ギョウ

「疑」は、人が後ろを振り返り、杖をついて立ち止まる形。それを氷の凝結するさまに移したのが「凝」。「石」を加えれば「礙《ガイ》」で、妨げる、邪魔をして止めるなどの意になる。

意味 一つの所に固まって動かない。熱中する。静止しているさま。

【凝雨】ぎょうう
雪のこと。

【凝結】ぎょうけつ
凝り固まる。液体、気体が固体に変わる現象。

【凝然】ぎょうぜん
じっとして動かないさま。

【凝望】ぎょうぼう
遠くの一点を見つめること。

【混凝土】コンクリート
セメント、砂、砂利、水を調合して固まらせた人造石。

凋

しぼむ
チョウ

「周」は、彫飾のある盾の形。枯れてしぼんだ葉には葉脈が彫文のように浮き出ることから、氷結のさまとあわせて「凋」の字となる。

意味 しぼむ。しおれる。落ちぶれる。

【凋枯】ちょうこ
しぼみ枯れる。

【凋尽】ちょうじん
衰え尽きる。

【凋霜】ちょうそう
霜にあってしぼむ。

【凋年】ちょうねん
くれてゆく年。

【凋落】ちょうらく
草木がしぼみ落ちる。死ぬ。落ちぶれる。

【凋零】ちょうれい
しぼみ落ちる。

日ごとに雪が消えていく早春の湖畔　秋田県仙北市、田沢湖

消

きえる
けす
ショウ

「肖」は細く少ない意。水が細ること、水が引いて消えることで「消」。

意味 存在していたものがなくなる。消える。尽きる。

【消夏】しょうか
夏の暑さを凌ぐ。

【消光】しょうこう
月日を無駄に送る。

【消揺】しょうよう
さ迷うように歩く。

【魂消る】たまげる
びっくりする。

滅

ほろびる
メツ

「威」は、聖器の「戉《エツ》（鉞《まさかり》）」を火に加えて、火を鎮める呪儀をいう。消火、滅亡の意を表わす。

意味 ほろぼす。ほろびる。この世からなくなる。たえる。

【煙滅】えんめつ
跡形もなく消える。

【滅火】めっか
消火する。

【滅法】めっぽう
かなり。はなはだしい。

溶

とける
ヨウ

「容」は、神の姿をいう。神廟に祈り、そこに神気があらわれることを示し、豊かに満ちる意がある。「溶」は水の豊かに流れること。その中に全てが溶けこんでいく。

意味 **盛んに流れる。漂う。固体が液体の中に入って混ざり合う。画像が背景と一体になる。**

【溶解】ようかい
物質が液体中に溶けて均一な液体となる現象。

【溶明】ようめい
フェードインのこと。フェードアウトは「溶暗」。

【溶融】ようゆう
固体が加熱によって液体になること。

【溶溶】ようよう
広大。気持ちのゆったりと広いさま。

液

つゆ
エキ

液体の状態で水を留めることができる奇跡の星が地球。同じ太陽系でも、地球より四〇〇〇万キロ近く太陽を回る金星は、表面温度が二〇〇度という灼熱の惑星で、水は蒸発する。地球より八〇〇〇万キロ遠く太陽を回る火星は、表面温度がマイナス五〇度で、水が存在していたとしても氷になる。

意味 **流れ垂れる液体。**

【液雨】えきう
秋から冬にかけて短時間降る雨。

【出液】しゅつえき
二十四節気の小雪《しょうせつ》。

【入液】にゅうえき
二十四節気の立冬の後、一〇日。

雪どけ水の林
北海道七飯町、大沼

溶けて消える湖畔の氷
北海道七飯町、大沼

減

へる
ゲン

「咸」とは、祝詞をおさめた器に鉞《まさかり》を加えて封じ、その呪能を守る意味。水を加えることで、その力を減らすことを表わす。

意味 **へる。効果を少なくする。下げる。**

【加減】かげん
程よく調節すること。

【減気】げんき
病勢が衰えること。健康を回復すること。

【減竈】げんそう
竈《かまど》の数を減らして虚弱を示し、敵を欺くこと。

【幻滅】げんめつ
幻想から覚めて現実にかえること。美化していたことが幻と悟り、落胆すること。

【減上】めりかり
邦楽で、笛や尺八の音の高さを下げたり上げたりすること。減張《めりはり》。「乙甲《めりかり》」とも書く。

ジュンサイの葉が浮くコケ沼　秋田県湯沢市

浮

うく
フ

「孚」は、水に流れる屍をいう。浮かぶ意から、「木」と組み合わせると「桴《いかだ》」の字になる。

意味 うく。うかぶ。うわつく。はかない。

【浮雲】うきぐも
空にふわふわと風に任せて浮かぶ雲。定まらない不確かなもののたとえ。

【浮宝】うきたから
船の美称。

【浮浮】ふふ
雨や雪が降りしきるさま。

渦

うず
カ

「咼」にくぼんだもの、めぐるものの意がある。和訓は、「埋水《うずみず》」の略。水の勢いが激しい時、中心が窪み低くなることからいう。

意味 うずを巻く。らせん状に巻きめぐる水の流れ。

【渦雷】うずらい
風の中心部の激しい上昇気流によって作られる積乱雲から生じる雷。

漂

ただよう
ヒョウ

「票」の正字は屍を焚く形。その勢いでものが浮動することをいう。水に漂うことで「漂」。

意味 **水面や水中をゆらゆらと動く。浮かぶ。さすらう。**

【漂海民】ひょうかいみん
船を住居とし、一定の海域で漁業などを営みながら生活する人。

【漂寓】ひょうぐう
さ迷って他郷に仮住まいする。

【漂説】ひょうせつ
根拠のない話。

【漂漂】ひょうひょう
流れ漂う。

【漂零】ひょうれい
葉などがひらひら落ちること。落ちぶれること。

【漂浪】ひょうろう
波間に漂うこと。

【漂木】ひるぎ
熱帯地方の、マングローブ林を形成する木の総称。

泡

あわ
あぶく
ホウ

「包」は人の腹の中に胎児のある形。包みこまれたものという意があり、「泡」は水泡の意。

意味 あわ。うたかた。

【泡銭】あぶくぜに
労働によらず、不当な方法で手に入れた金。

【泡雪】あわゆき
泡のように消えやすい雪。

【泡沫】うたかた
水の上に浮かぶ泡。はかなく消えやすいことのたとえ。

【泡幻】ほうげん
泡と幻ではかないもののたとえ。

【泡泡】ほうほう
水の噴出するさま。

【水泡】みなわ
水の泡。あぶく。

【夢幻泡影】むげんほうよう
人生のはかないことのたとえ。

泡が漂う小又峡の流れ
秋田県北秋田市

滝壺に渦巻く落葉
愛知県新城市、阿寺の七滝

沫

あわ
マツ
バツ

「末」は、見えないほど小さいものの意がある。和訓は「空丸《うつわ》」が省略されたものといわれる。

意味 **あわ。しぶき。飛び散る水滴。**

【沫糸】あわいと
ほどけやすいように結んだ紐。「沫緒《あわお》」。

【沫塩】あわしお
精製した塩。対義語は「堅塩《かたしお》」で、固形の塩。

【口沫】あわぶく
あぶく。唾の泡。

【潮沫】しおなわ
海水の泡。潮泡。

【飛沫】しぶき・ひまつ
飛び散る水の泡。

【沫雨】ばつう
水たまり。

【沫沸】まつふつ
泡がわきたつ。

倒木を沈める長沼　青森県青森市、蔦沼

沈

—— しずむ　チン

「冘」は人が枕して横たわる形で、「沈」は、枕するように水中へ没する意。

意味 しずむ。水底に沈める。ひそむ。静か。

【沈雲《ちんうん》】垂れこめる雲。

【沈思《ちんし》】深く思う。

【沈潜《ちんせん》】水底に沈み隠れる。一つの事に深く没入すること。

没

—— ボツ

旧字は「沒」。右の字は、人が水中に没することをいう。

意味 しずむ。おぼれる。水死する。死ぬ。なくなる。

【没我《ぼつが》】物事に夢中になって、我を忘れること。

【没却《ぼっきゃく》】ないものとして忘れ去ること。

浸

ひたす
シン

地中に浸透した雨水が砂や礫の隙間や岩石などの割れ目を満たすと地下水になる。日本では地下水を水源とする水道施設が多い。日本人の多くが地下水を飲み水などの生活用水に利用し、五〇年以上も前に降った雨水の恵みを受けている。

意味 **水に浸す。水がじわじわとしみこむ。**

【浸潤】しんじゅん
液体が少しずつしみこむこと。思想などが少しずつ広まること。

【浸食輪廻】しんしょくりんね
地形変化で、地盤の隆起により生じた原地形が、浸食にあい険しい山地へと変わり、最後には平原状になること。

漬

つける
シ

「責」は、水に浸して洗うこと、十分に浸すことをいう。「責」はまた、積み重ねる意ともされ、物を積み重ねて水に浸す意から「漬」の字となる。日本の食卓に欠かせない「漬物」は、「香の物」「香香《こうこ》」ともいわれる。香りの種類を当てる「聞香」の際、鼻が麻痺して香りが混同するのを防ぐために、漬物を合間に食べたことに由来するという。

意味 **つける。浸す。**

【漬汚】しお
汚染。

【漬浸】ししん
水がしみ入る。浸漬。

【漬磨】しま
液体につけて磨く。

涵

ひたす
カン

「函」の正字は、矢を入れる袋の形。深く浸す意から「涵」の字がある。

意味 **浸す。うるおう。たっぷりと水の中につける。**

【海涵】かいかん
度量が海のように豊かであること。

【涵育】かんいく
めぐみ育てる。

【涵濡】かんじゅ
浸しうるおす。

【涵蓄】かんちく
物を入れ、蓄えること。学問や道徳を養うこと。

【涵碧】かんぺき
水や空の青。

【水源涵養林】すいげんかんようりん
雨水を吸収して水源の枯渇を防ぎ、また洪水を起こすことを防ぐ森林。

澱

おり
よどむ
デン

水底の泥の意。和訓は、「降り」の意からいう。

意味 **どろ。淀む。浅い淵。おどむ。流れず、波も立たず、とどこおる。液体の底に沈んだかす。**

【沈澱】ちんでん
液体の中にある固体が沈んでたまること。

【澱粉】でんぷん
植物の葉緑体で光合成によって作られ、根、茎、種子、果実などに蓄えられる炭水化物。

風蓮湖の浸漬地帯
北海道根室市、春国岱

あだたら渓谷の岩盤を水は一気に流れる　福島県二本松市

流

ながれる
リュウ
ル

右の字は、子が逆さまになった形と、頭毛を表わす三毛から成る。逆さまの子は、子が生まれ出る時をかたどったもの。古くは、生まれた子を水に入れて、その浮沈によって育てるかどうかを定め、水に棄てることもあった。「育」も「棄」にも、この字が入る。

意味 水などが一定の方向へ流れいくこと。血筋。旗や幟を数える言葉。

【流霞】りゅうか
たなびき流れる霞。仙人が飲むという酒。

【流景】りゅうけい
落日の景色。

【流離】りゅうり
災害や戦乱のために各地を転々とし、肉親が散り散りになる。

派

ハ

右の字は、川が本流から支流に分かれ、流れ出ていく形。「脈」は、細く分かれた血管のこと。

意味 元から分かれ出る。川の支流。学問、芸術、宗教などの分かれた系列。

【硬派】こうは
軟派に反発し、腕力や男らしさを強調する態度。

【軟派】なんぱ
女性と交際したり服装に気を使ったりすることを好む態度。転じて、女性などを誘惑すること。

【派衍】はえん
増える。

【派出】はしゅつ
出張する。

【派生】はせい
根源から分かれ生ずること。

決

きめる
ケツ

右の字は、刃物を手にもって物を切断し、えぐりとることを示す字。また、洪水の時堤防の一部を切って、氾濫を防ぐことをいう。この判断は重大なものであることから、決意、決心の意となる。

意味 定める。決める。川の水が堤を切って流れ出る。

【決河】けっか
川の水が増えて堤防を破ること。

【決決】けつけつ
水の流れるさま。

【決水】けっすい
堤防や水門が破れ、水が溢れだすこと。また、その水。

【決絶】けつぜつ
断ち切る。別れる。

溯

さかのぼる
ソ

「屰《ギャク》」は手足を広げて立つ人の正面形である「大」の倒形で逆さの意。

意味 水の流れにさからってゆく。さかのぼる。過去を思い出す。

【溯上】そじょう
流れをさかのぼること。

【溯波】そは
逆波。

【溯風】そふう
向かい風。

雪どけ水を集め、支流と合流して激流になった昆布川。さらに下って尻別川に合流して大河となる
北海道蘭越町

滝の裏側は空洞になっていて、内側から外を見ることができる鍋ヶ滝　熊本県小国町

注

そそぐ
チュウ

「主」は燈《あぶらさし》と燭台を加えた形。油をそそいで火をともすことから液体をそそぐ意となる。古代中国では、氏族の長老が祭りの火を扱った。そこから「あるじ」の意が生まれた。

意味 そそぐ。流れかかる。目や心をじっと向ける。

【雨注】うちゅう
矢弾が雨のように降り注ぐ。

【注夏】ちゅうか
夏ばて。

灌

そそぐ
カン

「雚」は水が流れ込む、注ぐ意。

意味 水をそそぎかける。酒を地に注いで神をまつる。群がり生える。

【灌灌】かんかん
水の流れの盛んなさま。

【灌木】かんぼく
丈が低く、根元から枝が群がり出ている木。

沐

モク

「沐」は髪を洗うことで、「浴」は身を洗うこと。祭事に従う時は沐浴をしたことから、禊《みそぎ》、身を清める意を表わす。

意味 髪を洗う。頭から浴びる。恵みをうける。清める。

【冥沐】めいもく　細かい雨が降るさま。

【沐雨】もくう　雨にあって頭からずぶぬれになること。

【沐恩】もくおん　めぐみ。

【沐猴】もくこう　猿。猿が好んで顔をぬぐう姿から。

【沐日】もくじつ　休日のこと。

【沐洗】もくせん　髪を洗い、ゆあみする。

【沐露】もくろ　露にぬれる。

浴

ヨク　あびる

「谷」は、祝詞をおさめる器の上に神気のあらわれる形。その神事に臨むために禊《みそぎ》をすることを表わす。口が開く形の「欠」と組み合わせると、神が祈りを受け入れることを願う「欲」の字となる。

意味 あびる。水などで体を清める。光などが全体に降り注がれる。身に受ける。

【斎戒沐浴】さいかいもくよく　神仏に祈るなどの神聖な行為の前に、飲食や行いをつつしみ、体を洗って心身を清めること。

【浴日】よくじつ　太陽を浴びる。太陽が水面からのぼってくる。

【浴殿】よくでん　湯殿。風呂場。

【浴仏】よくぶつ　陰暦四月八日の釈迦の誕生日に、釈迦の像に甘茶をかけること。灌仏《かんぶつ》。

水に打たれる修験者にも見える那智滝
和歌山県那智勝浦町

沃

ヨク

「夭」は、若い巫女が、神を楽しませるために身をくねらせて舞い祈る形。両手を振りかざして、にぎやかに舞うことで「笑」の字がある。「咲」は「笑」の俗字で、花が開くことを「笑う・咲《わら》う」という。

意味 そそぐ。みずみずしくしなやかである。土地が肥えていて、作物がよく実る。水などを浴びせかける。

【沃雨】よくう　時雨。

【沃衍】よくえん　平坦で豊かな地。

【沃若】よくじゃく　つややかでみずみずしい。

【沃土】よくど　作物のよく実る豊かな土。またはその土地。

【沃沃】よくよく　つややかなさま。

鳥海山の豊富な水が激流となる玉田渓谷　秋田県由利本荘市

激

はげしい
ゲキ

「敫」は髑髏《どくろ》のついた屍を毆つ呪儀のことで、刺激によって激しくなる意。

意味 刺激する。激しく流れる。感情が激しく高ぶる。

【激越】げきえつ
感情が激しく高ぶること。

【激激】げきげき
水の勢いの激しいさま。

洪

コウ

洪水はかつて「降水」と書いた。一切を呑みこむ大水は、天から下される罰と考えられた。

意味 大水。はかりしれないほど大きい。

【洪恩】こうおん
大きな恩恵。

【洪荒】こうこう
広大でとりとめのないさま。

涯

はて
ガイ

「厓」は、きりたっている険しいがけの意。山には「崖」、水には「涯」という。「口」と組み合わせ、敵意をあらわにして争う「啀《いが》む」、「目」の際を表わす「眦《まなじり》」などの字がある。

意味 山や岸など、険しくそばだっている所。

【涯岸】がいがん 水辺の岸。みぎわ。果て。
【涯限】がいげん きり。限度。
【涯分】がいぶん 身分相応のこと。
【境涯】きょうがい 境遇。身の上。
【天涯孤独】てんがいこどく この世に身寄りが一人もいないこと。
【天涯比隣】てんがいひりん 離れていても、すぐ隣にいるように親しく思われること。

洞

ほら
ドウ

「同」は、筒型の酒器の形。中が空虚なものの意があり、奥深い洞窟を表わす。島根県平田市の「猪目洞窟《いのめどうくつ》」は黄泉の入口として『風土記』に伝わる。

意味 ほら。うつろ。内部に何もないこと。物事の奥底まで鋭く見通す。

奇岩が林立する仏ヶ浦　青森県佐井村

【洞究】どうきゅう 学問などを深く究める。
【洞暁】どうぎょう 洞察。さとる。
【洞視】どうし 超能力。透視。
【洞照】どうしょう 明るく、どこまでも照らす。
【洞然】どうぜん つつしむさま。がらんどうなさま。
【洞達】どうたつ 深く悟り徹する。
【洞胆】どうたん 心のうちを見通す。
【洞天】どうてん 神仙のいる所。
【洞洞】どうどう 誠実なさま。
【洞冥】どうめい 暗きを通し明るくすること。

湍

タン

「耑」は、早瀬の意。急流の水のことを古語では「たき」といった。

意味 早瀬。水が渦を巻いて勢いよく流れる所。

【湍悍】たんかん 水勢が速く強いこと。
【湍激】たんげき 水流が急で激しいこと。
【湍決】たんけつ 決潰すること。
【湍水】たんすい 速く渦巻く流れ。
【湍瀬】たんらい 早瀬。
【湍流】たんりゅう 急流。
【碧湍】へきたん 青々とした急流。
【奔湍】ほんたん 水勢の速い流れ。急流。早瀬。急灘。

水深423.4m の日本一深い田沢湖　秋田県仙北市

深

ふかい
シン

右の字は、火をもって穴中を照らす形。火で照らしながら奥のものを探す意。
南極の氷底には淡水湖が眠っている。最大の面積を誇るボストーク湖は、ドリルによる掘削で深度約三八〇〇メートルに存在することが確認された。氷底湖で生命体が発見されれば、氷底湖が存在するという木星など、地球外生命の手がかりが得られるかもしれない。

意味　ふかい。奥深い。季節がたけなわになる。

【深遠】しんえん
奥深い。深奥。深玄。

【深懐】しんかい
深く考える。

【深閑】しんかん
人気なく、しんと静まり返ったさま。森閑。

【深輝】しんき
深くさしこむ日光。

【深深】しんしん
奥深くかすかなさま。ひっそりと静まり返っているさま。

【深雪】みゆき
深く積もった雪。雪の美称。

滄

ソウ

「倉」は、寒いという意味。後に、「蒼」の意が加わり、青い意も持つようになる。

海は、光が水中を通過する段階で、赤色を吸収するため青く見える。深ければさらに青く、また、青い光、緑の光を散乱させるプランクトンや微粒子の量によって、瑠璃、紺、群青、碧、翠など様々な色をみせる。

意味 青い。青い水の色。寒い。冷たい。

【滄海】そうかい
青々とした広い海。青海原。

【滄滄】そうそう
冷たいさま。

【滄桑之変】そうそうのへん
青い海が桑畑に変わるほど、世の中が激しく変わること。

【滄茫】そうぼう
海や川など広々として果てしないさま。

潜

ひそむ　もぐる
セン

旧字は「濳」。右の字は、祝詞をおさめる器の上に簪《かんざし》を置いて、ひそかに呪詛する意で、秘密に行うという意がある。人間の素潜り世界記録は、重りで潜行する競技で二一四メートル。有人潜水調査船では日本の「しんかい6500」が水深六五〇〇メートルと、世界で最も深く潜ることができる。

意味 もぐる。ひそむ。ひそか。

【潜在】せんざい
表面にはあらわれずに内にひそかに存在すること。

【潜心】せんしん
専心する。

【潜踪】せんそう
姿をくらますこと。

【潜徳】せんとく
徳を抱いて世に出ない賢者。

太平洋に突き出た唐桑半島
宮城県気仙沼市

鳥海山の麓、日向川渓谷の深雪
山形県酒田市

測

はかる
ソク

「則」はもと水深を測る意。

「透明度」とは、直径三〇センチの白色の円盤を沈め、これが水面上から見えなくなる水深のことで、単位はメートル。日本で最も透明度の高い湖は北海道にある摩周湖。年間一〇〇日以上も霧に包まれる湖を、アイヌの人々は「カムイ(神)トー(湖)」と呼んだ。

意味 深さ、長さ、温度などを測る。予想する。深い。

【寸指測淵】すんしそくえん
短い指で淵の深さを測る意から、愚か、不可能なこと。

【測恩】そくおん
深い恩。

【測深】そくしん
水深を測ること。

【測天】そくてん
天文観測。

八甲田山中、蔦七沼の一つ鏡沼　青森県十和田市

浅

あさい
セン

旧字は「淺」。「戔」は、戈《ほこ》を重ねた形。薄いものを重ねるという意があり、水の浅いことを表わす。そこから、理解の十分でないもの、色の浅いもの、つまらないものをいう語に用いられる。

意味 あさい。少ない。あさはか。

【浅浅】あさあさ
色などが薄いさま。考えが浅いさま。

【浅木】あさぎ
節の多い、粗末な木。

【浅傷】あさで
軽いけが。浅い傷。「浅手」とも書く。

【浅海】せんかい
海岸に近い、水深二〇〇メートルまでの海域。

【浅春】せんしゅん
まだ寒さの残る春の初め。

【浅水】せんすい
浅瀬。

【浅浅】せんせん
水の速く流れるさま。

【浅知】せんち
浅はかな智恵。浅知恵。

【浅夢】せんむ
浅い夢。

瀬

せ
ライ

旧字は「瀨」。「頼」は、川が浅く流れが急な所をいう。

意味 **水が激しく砕けて流れる急流。立場。**

【憂き瀬】うきせ
つらい境遇。苦しい立場。

【逢瀬】おうせ
男女のひそかに相合う機会。

【瀬音】せおと
浅瀬を流れる川の音。

【瀬頭】せがしら
緩やかな流れから、瀬になりかかって波が立ちはじめる所。瀬の終わる所は「瀬尻《せじり》」。

【瀬瀬】せせ・せぜ
多くの瀬。その時々。

【瀬枕】せまくら
川の早瀬の水が石などに激しく当たって盛り上がり、枕のように見える所。

【瀬見】せみ
川の底が見えるほどの浅い川。

川辺のフキノトウ
青森県十和田市、奥入瀬

潟

かた
セキ

右の字は「舃」の省略形で、塩気のある土地のこと。和訓は潮が引いた後、形《かた》があらわれることからいう。

意味 **ひがた。塩分を多く含んだ土地。潮の満ち干によって地面があらわれたり海に隠れたりする所。砂丘などで外海と隔てられて、細い水路で海に通じている湖沼。**

【潟湖】せきこ
湾口に発達した砂洲によって外海と切り離されてできた湖。

【潟鹵】せきろ
砂礫だらけで塩分が多く、耕作に適しない地。

【干潟】ひがた
遠浅の海岸で、潮が引いてあらわれた所。

干潟の流木に止まり餌を探すカワセミ
沖縄県名護市

洲

す
シュウ

「州」の俗字。「州」は、川の中にある島の形。水流によって区画された地域をいい、行政の区画名に用いる。「洲」は、川の洲や大陸の名を表わす。

意味 **す。なかす。島。くに。大陸。**

【洲渚】しゅうしょ
なかす。川の中の砂浜や島。

【洲畔】しゅうはん
なぎさのほとり。

【神洲】しんしゅう
日本。自国を誇っていう。神国。

【洲鳥】すどり
海や川の洲にいる鳥。また、カワセミの異名。

【洲流し】すながし
水の流れや砂浜に残る波の跡を表わした文様。

【洲浜】すはま
曲線を描いて州が出入りしている浜。

霊気が漂う大馬神社の清滝　三重県熊野市

浄

きよい
ジョウ

旧字は「淨」。「爭」は、農具のすきを青丹で清め祓う儀礼を表わす「靜（静）」と意味が近い。

意味 **きよらか。けがれがない。きよめる。**

【浄土】じょうど
仏や菩薩の住む清浄な世界。浄界。対語は「穢土《えど》」。

滌

あらう
すすぐ
デキ
ジョウ

「攸」は水で背を流す形。「木」は草や木の枝を束ねたもの。これで洗うこと、もと禊《みそぎ》することをいう。禊は、「身滌《みそそぎ》」が語源とされる。「手水《ちょうず》」や、海水の代わりの「清め塩」は、禊のなごり。

意味 **水を流し、汚れをきれいさっぱり除く。**

【滌除】できじょ
洗い除くこと。

【滌浄】できじょう
洗い清めること。洗浄。

洗

あらう
セン

「先」は足の先。かつて、旅から帰るとまず足を洗い清め、他の地で付着した邪気を祓う儀礼があった。『古事記』では、伊邪那岐《いざなぎ》が黄泉を見た穢れを祓《はら》おうと禊《みそぎ》をした時、左眼を洗うと天照大神《あまてらすおおみかみ》、右眼を洗うと月読命《つくよみのみこと》、鼻を洗うと建速須佐之男命《たかはやすさのをのみこと》が生まれた。

意味 **洗う。洗い清める。**

【洗胃】せんい
胃を洗い清める。悪いことを認め、心を改める。

【洗甲】せんこう
武器を洗い戦いをやめる。

【洗耳】せんじ
汚れたことを聞いて、耳を洗い清める。

【洗心】せんしん
心を洗い清める。

【洗雪】せんせつ
恥や濡れ衣をはらす。

濯

すすぐ
タク

「翟」は、鳥が飛びあがろうと羽ばたきをする形。鳥が水中で羽ばたいて水浴びすることから、洗う意となる。

意味 **すすぐ。洗い清める。潔白にする。大きい。**

【雨濯】うたく
陰暦六月の雨。洗うほどに降る。

【濯纓】たくえい
冠のひもを洗う。世俗を超越するたとえ。

【濯禊】たくけい
禊《みそぎ》をすること。

【濯枝雨】たくしう
木の枝を洗うように降る大雨。

【濯足】たくそく
足を洗う。世のけがれを洗い、世俗を超越するたとえ。

【濯濯】たくたく
清らか。光り輝くさま。山に草木のないさま。

淘

よなげる
トウ

「匋」は、米をとぐことをいう。和訓の「よなぐ」は、「米上《よねあげ》」が転じたものとされる。

意味 **流し洗う。さらう。米をとぐ。水洗いして不純物を取り除く。**

【淘気】とうき
憂さ晴らしをする。

【淘沙】とうさ
沙金を取る。

【淘浄】とうじょう
洗い清める。

【淘井】とうせい
井戸さらえ。

【淘汰】とうた
水で洗い分ける。不要なものを流し去る。

【淘淘】とうとう
水の流れるさま。

【淘屋】よなげや
川底やごみ捨て場などの土砂をふるって金属などを回収する者。

汰

タ

「太」は、「泰」の下部にある「水」の省略形とされる。「泰」は、水中に落ちた人を両手で助け上げる形で、安泰の意。

意味 **水で洗って、選び分ける。悪いものを取り去る。**

【沙汰】さた
水でゆすり、砂金などの砂を選びわけること。物事を処理すること。行い。

【汰侈】たし
身分不相応のおごり。

清冽な鬼怒川の流れ
栃木県日光市

大雨の後の滝壺　大分県宇佐市、福貴野の滝

濁

にごる
ダク

「蜀」は、水の澄んでいないことをいう。和訓は「鈍《にぶ》り凝《こ》る」意からとされる。

意味　にごる。けがれる。乱れる。言葉を曖昧にさせる。

【小濁り】ささにごり
わずかに濁ること。

【清濁】せいだく
清いことと濁っていること。善と悪。

混

まじる
コン

「昆」は昆虫の形で、「比」はその足の形。群集して混じり合う意がある。

意味　多くのものがまじる。集まる。こむ。

【混和】こんか・こんわ
混じり合うこと。

【混元】こんげん
天地の始め。天地。

【混生】こんせい
植物などが入りまじり生えること。

沌

トン

「屯」は、織物の縁の糸を結び、房飾りのようにしたもの。縁飾りの形で、束ねる、集まる、丸く固まる意がある。「沌」は水が流れず、濁り乱れる意を表わす。「鈍」は刀の刃が丸くなり、切れ味がにぶくなること。にぶい、なまくらの意に用いる。

意味 乱れる。愚か。

【渾沌】こんとん 天地が形成される前の状態。カオス。

九頭竜川河畔の雨に濡れる桜並木
福井県永平寺町

汚

けがす
よごす
きたない
オ

本字は「汙」。「于」は刃の長い曲刀の形で、ゆるく曲がる、くぼむ意がある。「汚」はくぼんだ水たまりのことで、泥にけがれることから、けがれる、よごす意を表わす。

意味 きたない。よごれる。精神的な清らかさがなくなる。けがれ。

【汚行】おこう 道徳に外れた不名誉な行い。悪行。

【汚習】おしゅう よくない習慣。

【汚濁】おだく 悪行が横行し、社会が乱れること。

【汚池】おち 水たまりの池。

【汚点】おてん けがれ。不名誉な事柄。

【汚涜】おとく けがす。

渋

しぶ
しぶい
ジュウ

正字は「澀」。「歰」は、両足を揃えて相向かう形。双方相対して進み得ないことから、渋滞の意となる。

意味 しぶる。しぶい。ためらう。けちである。派手さのない、洗練されたおもむき。

【晦渋】かいじゅう 言語・文章などが難解で意味がわかりにくいこと。

【渋色】しぶいろ 柿渋のような茶褐色。

【渋口】しぶくち 皮肉な口をきくこと。

【渋渋】しぶしぶ いやいやながらするさま。

【渋面】しぶつら・しぶめん・じゅうめん しかめつら。

【渋味】しぶみ 渋い味。地味で落ち着いた味わい。

【難渋】なんじゅう うまく事が進まないこと。

滞

とどこおる
タイ

「帯」はとどまるの意。

意味 とどこおる。同じ場所に留まる。物事がはかどらない。

【萎靡沈滞】いびちんたい 物事に活気がなく、発展しないさま。

【滞空】たいくう 空中を飛び続けたり、留まったりすること。

【滞思】たいし 晴れない思い。

【滞累】たいるい 積もり重なったわずらい。束縛。

栗駒山、須川高原の湿地
秋田県東成瀬村

奥羽山脈、八幡平周辺の雪どけ水を満々と湛えた秋扇湖　秋田県仙北市

満

みちる
マン

旧字は「滿」。右の字は、一面に刺繍を加えた礼装用の膝かけの形。文様の豊満であることをいうもので、「満」は水の満ちあふれる意。

意味 満ちる。十分に足りて、欠けることがない。全て。

【満願】まんがん
日数を定めて神仏に祈願し、その日が満ちること。願いがかなうこと。

湛

たたえる
タン

「甚」は、深入りする意。深くたまる、ものが水中深く沈むことを表わす。

意味 たたえる。深い。豊か。奥深くて静かである。

【湛湛】たんたん
水など一杯にたたえているさま。

【湛溺】たんでき
物事にふけりおぼれること。

漲

みなぎる
チョウ

「長」は長大にすること。「張」は弓の弦をいっぱいに張る意。広げる、大きいことを表わし、「漲」は水がわきおこり、みなぎり満ちることを表わす。和訓は「水激《みたぎ》る」が転じたものとされる。

意味 **みなぎる。わきあがる。満ちあふれる。満ちてくる水。**

【漲海】ちょうかい
水がみなぎり限りのない海。

根釧原野を蕩々と流れるヤウシュベツ川
北海道別海町

氾

ハン

右の字は人がうつむけになって横たわる姿をかたどったもの。「氾」は水死者が水に浮かび流れる形。かつて水害は、おびただしい人々を流した。

意味 **水があふれて広がる。はびこる。ただよう。**

【氾乎】はんこ
揺れ動くさま。定まらないさま。

【氾氾】はんはん
水に浮かび揺れるさま。

【氾浮】はんぷ
浮かぶ。

【氾濫】はんらん
水があふれ出る。

【氾濫原】はんらんげん
洪水時に流水が河道などからあふれ、浸水する範囲の平野。

【氾論】はんろん
広く全体を論じる。

濫

みだれる
ラン

「監」は「臥」と「皿」に従う字。「臥」は人がうつむいて下を見る形。「皿」は水を入れた水盤の形。上から見ること、水盤に自分の姿を映す形から鑑賞の「鑑」、また監視、監督の「監」の意となる。

意味 **節度を失う。みだりに。あふれる。**

【濫溢】らんいつ
度を超す。

【濫出】らんしゅつ
むやみに持ち出すこと。

【濫觴】らんしょう
長江も水源をさかのぼれば、觴《さかずき》に濫《あふ》れるほどの細流にすぎないことから、物事の起こり。起源。

【濫吹】らんすい
技量をごまかす。実力がなくて、その位にいること。

【濫倫】らんりん
倫理に外れた行い。

溢

あふれる
あぶれる
こぼす
イツ

右の字は、「水」と「皿」に従い、水が器状にあふれる形で、増益、利益の「益」の旧字。

意味 **あふれてこぼれる。こぼす。度をこす。はみだす。**

【溢蚊】あぶれか
最盛期を過ぎて元気のなくなった蚊。

【溢れ者】あぶれもの
ならず者。「放浪者《あぶれもの》」とも書く。

【溢溢】いついつ
水が満ちあふれるさま。

水に恵まれた若狭の水田
福井県小浜市

ひと月に35日雨が降るともいわれる日本最多雨地域、屋久島の森　鹿児島県上屋久町、白谷雲水峡

潤

うるおう
うるむ
ジュン

「閏」は余分の意で、閏年《うるうどし》の「閏《うるう》」は暦の計算の外にはみ出す日や月のこと。「潤」は、水がしみ出て濡れる意。

意味　満ちる。十分に足りて、欠けることがない。全て。

【潤声】うるみごえ　泣き出しそうな声。

【潤麗】じゅんれい　うるおいがあり、美しい。

濡

ぬれる
そぼつ
ジュ

「而」は、頭髪を切り結髪していない人の正面形で、雨乞いをする巫女の姿。「雨」を組み合わせた「需」は、雨乞いをして雨を求めて待つ意。恵みの雨が降り、うるおす、ぬれることから「濡」の字がある。

意味　うるおう。ぬれる。恵みをうける。穏やか。

【濡首】じゅしゅ　泥酔して本性を失う。

【濡潤】じゅじゅん　うるおう。

滑

すべる
なめらか
カツ
コツ

「骨」になめらか、つややか、乱れるなどの意がある。

意味 **なめらか。光沢があり、すべすべしているさま。**

【円滑】えんかつ　物事がさしさわりなく行われること。

【滑甘】かつかん　甘くて口触りがよい。

【滑翔】かっしょう　鳥が羽ばたきをやめて、空を滑るように飛ぶこと。

【滑沢】かったく　なめらかでつややか。

【滑脱】かつだつ　よどみなく自由自在に変化すること。

【滑滑】すべすべ　感触がなめらかなさま。「ぬらぬら」と読めば、表面がなめらかで湿っているさま。「こつこつ」で、泉がわき出るさま。

油

あぶら
ユ

「由」はもと「卣」の字。「卣」はひさごの類の木の実で、実が熟して中が油化したものの外殻の形。油化した液のことを「油」という。和訓は、魚鳥の肉を炙《あぶ》って取ることに由来するという。

意味 **あぶら。石油。**

【油照り】あぶらでり　薄曇りで風がなく、じりじりと蒸し暑いこと。

【油凪】あぶらなぎ　海面が油を流したように平たく、波立たないこと。

【油然】ゆうぜん　盛んに湧き起こるさま。

【油断】ゆだん　安心して気を抜くこと。中国のある王が家来に油の鉢を持たせ、一滴でもこぼせば命を絶つと命じたという故事から。

泰

やすらか
タイ

「泰」は、水中に陥った人を両手で助け上げる形。安らかで無事であることの意。「太」はその略字。

意味 **やすらか。偉大である。はなはだしい。**

【泰安】たいあん　無事で安らかなこと。

【泰運】たいうん　安らかになる気運。

【泰山北斗】たいざんほくと　中国一の名山である泰山と北斗七星のことで、誰からも仰ぎ見られるということから、その分野の第一人者として尊敬される人のたとえ。泰斗。

【泰然】たいぜん　ゆったりと落ち着き払っているさま。

【泰平】たいへい　世の中が平和に治まり穏やかなこと。

沾

うるおう
セン
テン

「占」は、小さなある部分のこと。わずかに濡れることを「沾」という。

意味 **うるおう。ぬれる。添える。**

【沾濡】せんじゅ　うるおう。

【沾沾】せんせん　軽薄なさま。

【沾洽】てんこう　雨の恵みが十分にうるおう。学識が広い。

雨に濡れるアジサイとアマガエル
岡山県鏡野町

シャクの花に連なる雨滴　秋田県大館市

滴

しずく
したたる
テキ

「商」は丸くまとまった形のものをいい、水滴のこと。また、「商」は、帝をまつる祭儀を行うことのできる者をいう。その身分は帝の直系であり、その条件にかなうものの意から、適当、適切の「適」の字がある。打つという意の「攴」と組み合わせると、敵対の「敵」となる。

意味 したたり。ひと所に集まって、ぽとりと落ちるしずく。水滴のように小さく丸いもの。

【雨滴】うてき
雨のしずく。あまだれ。

【残滴】ざんてき
残ったしずく。

【滴円】てきえん
つぶらなこと。

【滴血】てきけつ
血族を見分ける方法。誰のものかわからない骸骨がある時、生きている人の血をたらして、骨にしみこめば親子の関係があり、そうでなければ他人であると判断すること。

【滴滴】てきてき
水滴がぽたりぽたりと落ちるさま。またその音。葉の緑が水のしたたるように艶やかで美しいさま。

涙

なみだ
ルイ

和訓は「泣水垂《なきみだり》」の略とされる。「泪《なみだ》」の字も趣深い。松尾芭蕉の「行く春や　鳥啼き魚の目はなみだ」の「なみだ」は「泪」の字をあてている。

意味　**はらはらと落ちるなみだ。なみだする。**

【涙雨】なみだあめ
悲しみの涙が化して降ると思われる雨。少し降る雨。

【涙霞】なみだがすみ
霞がかかったように涙で目が曇り、よく見えないこと。

【涙川】なみだがわ
涙があふれ流れるのを川にたとえたもの。

【涙金】なみだきん
お情けで与えるわずかなお金。

【落涙】らくるい
涙を落とす。

【涙淵】るいえん
悲しみの涙の深さを淵にたとえたもの。

涕

なみだ
テイ

「涕」はもと「罘」の字に作り、「罘」は目からなみだが垂れている形。死者の衣の襟元になみだを垂れることを「褱《カイ》」といい、懐古、追懐の「懐（懷）」の字がある。

意味　**下へ落ちるなみだ。泣く。**

【涕洟】ていい
涙。泣く時目から出るのが涕、鼻から出るのが洟。

【涕泣】ていきゅう
涙を流す。

【涕泫】ていげん
さめざめと泣く。

【涕涙】ているい
流れ落ちる涙。

【涕零】ていれい
涙が落ちる。

【涕漣】ていれん
さめざめと泣く。

雨に濡れるハナショウブ
岩手県平泉町、毛越寺

泣

なく
キュウ

声を出さずに涙を流す意。「鳴く」は、主に鳥などの動物が声を立てること。「啼く」は主に鳥や動物が声を立てる意。また、悲しみのために涙を流して声をあげること。「哭く」は、大声をあげて泣く、死を悼んで大声で泣く意。

意味　**なく。声をひそめてなく。**

【泣血】きゅうけつ
血が音を立てず流れるように、声をあげずに泣くこと。

【泣哭】きゅうこく
大声をあげて泣き叫ぶ。

【号泣】ごうきゅう
大声で泣くこと。

【啼泣】ていきゅう
声をあげて泣く。

【天泣】てんきゅう
雲がないのに降る雨。

【泣き言】なきごと
泣いてぐずぐず訴える言葉。

苔を伝って雫となる元滝伏流水　秋田県にかほ市

滲

にじむ
シン

「參」は、入り込む意。水が少しずつしみこむ意を表わす。

意味 液体や気体が物の中へとゆっくり伝わり、広がること。深く心に感じ入る。にじむ。漏れる。

【滲漬】しんし　浸す。

【滲出】しんしゅつ　内からにじみ出ること。

【滲透】しんとう　液体が物にしみ透る。思想などが広まること。

滋

シ ジ

旧字の右の字である「茲」は、糸束を並べた形で、多いことの意。「滋」は、糸束を水に浸す意。水を含んで増えることから、増す意となる。

意味 しげる。ふえる。ますます。うるおす。

【滋雨】じう　草木や作物をうるおす、恵みの雨。

漆

うるし
シツ

「桼」は、傷つけた漆の木の幹から漆液が水滴のごとくしたたり落ちる形。和訓は「潤液《うるしる》」の略とされる。

意味 **うるし。樹皮に傷をつけて取った樹液は、美しい光沢を持つ塗料になる。**

【漆瘡】うるしかぶれ
漆に触れたり近づいたりした時に起こる皮膚炎。漆負け。

【乾漆】かんしつ
漆液の、長く貯蔵して塊状となったもの。

【漆黒】しっこく
漆を塗ったように黒くて、あでやかなこと。

【漆匠】しっしょう
漆塗り職人。塗師。

【漆身】しっしん
身体に漆を塗り、そのかぶれで面貌を変える。

【漆瞳】しつどう
黒い瞳。

漸

ようやく
ゼン

「斬」は、「車」と「斤」で、車を作るための材を斤《おの》で斬ることをいう。「漸」は次第に水がしみこむ意。

意味 **次第に進む。だんだんと。ようやく。きざし。**

【漬漸】ぜんし
次第に水がしみこむ。次第に風習にそまる。感化。

【漸進】ぜんしん
少しずつ進歩すること。

【漸漸】ぜんぜん
次第。だんだんと進むさま。ようやくの古形で、「やくやく」とも読む。

【漸入佳境】ぜんにゅうかきょう
次第に面白くなること。

【漸摩】ぜんま
水に浸したり砥石で磨いたりするように、次第に善良になっていくこと。

途切れることのない水の流れが岩をも穿《うが》つ
秋田県北秋田市、小又峡

淋

さびしい
リン

「淋」を寂しい意に用いるのは日本特有。さびしいは「荒《さ》ぶ」が転じたもので、衰えているさま、人げの絶えていることに対する心細い思いを表わす。

意味 **したたる。水がたらたらと絶えずたれる。ながあめ。さびしい。**

【淋滲】つつげ
生まれたばかりの鳥の羽毛。「和毛《にこげ》」。

【淋雨】りんう
長雨。

【淋湿】りんしゅう
濡れる。

【淋巴】りんぱ
リンパ液。

【淋漓】りんり
水、汗、血などがしたたり流れるさま。感情や勢い、元気があふれるさま。

水が涸れた石狩川の上流　北海道上川町、大雪湖

渇

かわく
カツ

旧字は「渴」。「曷」は、呪詛する意。呪詛で威嚇する時に大声をあげて、口が渇くことをいう。

意味 かわく。水が尽きてなくなる。激しく欲する。

【渇愛】かつあい
非常に愛する。欲に執着する。

【渇命】かつみょう・かつめい
飢えや渇きで命を失いそうになること。

涸

かれる
コ

「古」は祝禱をおさめる器「口」の上に、聖器の干《たて》の形「十」をおいてそれを守る意。外囲い「囗」を加え、厳重に守る意から堅固の「固」となる。

意味 かれる。かわく。ふさぐ。きびしい。

【涸轍】こてつ
わだちの水たまりの乾いた所。魚が住みにくいことから、苦しい境遇のたとえ。

漠

バク

「莫」に、静寂の意がある。また、ないという意から、水のない砂原を表わすともいわれる。

意味 何もなく広い。とりとめのない。さばく。びっそりとしている。

【荒漠】こうばく　荒れ果てて何もないさま。

【漠如】ばくじょ　漠然としたさま。

【漠然】ばくぜん　ぼんやりとして、とりとめのないさま。

【漠漠】ばくばく　風景の果てしないさま。雲や霧、塵などが一面に垂れこめて、うす暗くはっきりとしないさま。

【漠溟】ばくめい　混沌としたさま。

【茫漠】ぼうばく　ぼうっとしてはっきりしないさま。広く、とりとめのないさま。

涅

くり
デツ
ネ

右の字は、黒土をまるめた形。轆轤《ろくろ》の台上に土をおき、回転させながら土器を形作ることを示す字とされる。「涅」はそのねばる土のこと。烏賊《いか》の墨を「くり」と呼ぶ地方もある。

意味 黒いねば土。水底のどろ。黒色の染料に用いる、水中の黒土。

【涅色】くりいろ　黒色。褐色がかった黒色。

【涅歯】でっし　お歯黒《はぐろ》で歯を黒く染めること。

【涅髪】でっぱつ　髪を染める。

【涅槃】ねはん　煩悩のない、悟りの境地。一切の悩みや束縛から脱した、円満、安楽の境地。釈迦の入滅。

ベンセ湿原、平滝池の水辺
青森県つがる市

海水が浸食しナラの林が立ち枯れた尾岱沼
北海道別海町

滓

かす
おり
シ

「宰」は、水底に沈殿した泥などをいう。たまった黒い泥や垢の意。

意味 かす。おり。液体の底にたまるもの。黒い泥。

【残滓】ざんし　残りかす。

【滓汚】しお　けがれ。

【滓濁】しだく　濁りけがれる。

【滓泥】しでい　へどろ。

【蕎麦滓】そばかす　そばがら。これに似ていることから、人の顔などにできる茶褐色の小さな斑点。

【味噌っ滓】みそっかす　仲間や兄弟から一人前に扱われない子ども。味噌を漉した滓の意から転じ、価値のないものの意でも用いられた。

温泉水が湯気を立てながら流れる川　秋田県湯沢市、小安峡

湯

ゆ
トウ

右の字は、台上に玉をおき、玉の光が下方に放射する形で、玉光を示す。地下水は、深さ約一〇メートルで季節の温度変化を受けないが、さらに深くなると地球内部のマグマにより、水温が上昇する。火山地帯にない温泉は、一〇〇〇メートル以上の超深層地下水を利用している。

意味 温度の高い水。わかす。

【湯湯】しょうしょう
わきたつような勢いで水が流れるさま。

沸

わく
フツ

「弗」は、ふきだす意。

意味 わく。たぎる。わかす。

【沸鬱】ふつうつ
うちにこもる。もどかしい。

【沸沸】ふつふつ
湯などが煮えたぎる。思いがこみあげるさま。

湯気が沸き立つ酸ヶ湯の地獄沼　青森県青森市、八甲田山

温

あたたか
ぬくい
ぬるむ
オン
ウン

旧字は「溫」。「皿」は平型の皿で、「囚」は温熱の状態。皿の上の器中のものが温められて熱気が満ちている形で、あたたかの意を表わす。

意味　あたたかい。穏やか。ぬくめる。

【温気】うんき
蒸し蒸しした暑さ。

【温雅】おんが
やさしく奥ゆかしい。

【温故知新】おんこちしん
古きをたずねて新しきを知ること。

【温順】おんじゅん
おだやかで素直なこと。

【温清】おんせい
冬は温かく夏は涼しく親が暮せるよう、孝行する。

【温温】ぬくぬく
心地よく温かいさま。苦労なく充足しているさま。

水蒸気が激しく噴出する旭岳　北海道東川町、大雪山

汽

キ

「气」は水が気化する状態をいう。水蒸気は目に見えない気体。湯気は水蒸気が冷え水滴となって白く煙のように見えるもので、液体。

意味　水蒸気。

【汽水】きすい
海水と淡水がまじってできた塩分濃度の薄い水。内湾、河口部などの海水。

【汽船】きせん
蒸気機関を原動力にして進む船。現在では、ディーゼルエンジンなど機械力で進む船の総称。

【汽船波】きせんは
汽船などの大きな船が起こす波。

【汽笛】きてき
蒸気を噴出して鳴らす笛。

【汽力】きりょく
蒸気の力。

濃い霧に包まれるブナの森　青森県平川市、滝の沢峠

濃

こい
ノウ

「農」は「田」と「辰」。「辰」は、蜃《はまぐり》などの貝の類が足を出して動いている形。その貝殻を草刈りの器として耕作に用いたことから、農業の「農」がある。農事は時間と手間のかかることから、濃厚、濃密の意があり、「濃」もその意を受けている。

意味　こってりとしている。色や味が強い。あつい。たけなわ。

【濃漿】こんず
米を煮た汁。おもゆ。粟やもち米などで醸造した酢。

【濃絵】だみえ
極彩色と金箔・銀箔を併用した、装飾的な絵。桃山時代の金碧画など。

【濃艶】のうえん
あでやかで美しい。

【濃彩】のうさい
濃く彩色すること。極彩色。

【濃春】のうしゅん
晩春。たけなわな春。

【濃情】のうじょう
人情、愛情が篤くて深いこと。

古くは「淡海《あわうみ》」と呼ばれていた琵琶湖の朝　滋賀県高島市

淡

あわい
タン

「炎」は、味の薄い意を表わす。世界中にある淡水化施設で一日に生産される淡水の総量は約六〇〇億リットル。ペルシャ湾岸諸国は主にこの水に頼っている。

意味 あわい。明度が高く、彩度が低い。色や味がうすい。

【淡雪】あわゆき
春などに、うっすらと降り積もる雪。

【枯淡】こたん
人柄、文章、書画などで、あっさりしている中に深い趣のあること。

【淡雲】たんうん
うすくたなびく雲。

【淡月】たんげつ
うすくかすんだ月。

【淡彩】たんさい
あっさりした色彩。

【淡淡】たんたん
あっさりとしたさま。水の静かに揺れ動くさま。

【淡話】たんわ
何気ない話。

清流で花を咲かせるバイカモ　兵庫県新温泉町、田君川

清

きよい
さやか
セイ

旧字は「淸」。「靑」は、岩緑青の青丹《あおに》から作る絵の具。腐敗を防ぐ力があり、古くから清めの儀礼に用いられた。「清」は澄みきった水のこと。太陽が清らかに澄むことで「晴」の字となる。

意味 すむ。すきとおる。きよらか。あきらか。

【清遠】せいえん
高尚ですぐれている。

【清光】せいこう
月の清らかな光。

【清秋】せいしゅう
すがすがしい秋。

【清深】せいしん
水が澄んで深い。

【清清】せいせい
さっぱりと、さわやかなさま。わだかまりのない、爽快なさま。すがすがしい。

【清冽】せいれつ
水が清く冷たいこと。

【清和】せいわ
世の中が治まり穏やか。晴れてあたたかい。

澄

——すむ チョウ

もと「澂《ちょう》」の字で、水が澄む意。「登」は「癶」と「豆」に従う字。「癶」は両足を揃える形。「豆」は脚の高い食器の形で、踏み台とみられる。踏み台の上に両足を揃えているところから、登る意となる。

意味 水が澄む。清らか。何事もなかったように、平然とした顔つきをする。気取る。

【澄高】ちょうこう 月が澄んで高く輝く。

【澄心】ちょうしん 澄んだ心。

【澄清】ちょうせい 澄みきって清らか。空が雲なく、晴れ渡っているさま。

【澄徹】ちょうてつ 澄みわたること。

淑

——しとやか シュク

「叔」に善良の意がある。水の清らかに澄むことから「淑」。

意味 上品で控えめなさま。麗しい。

【私淑】ししゅく ある人をひそかに師と仰いで尊敬し、直接に教えを受けないものの、その人を模範として学ぶこと。

【淑気】しゅくき 天地に満ちためでたい気配。新年を祝う気持ちからいう。

【淑淑】しゅくしゅく 美しいさま。水の深いさま。

【淑徳】しゅくとく しとやかで上品な、女性の美徳。

【清淑】せいしゅく つつましい。

【不淑】ふしゅく 人の死。

涼

——すずしい リョウ

「京」は味が薄い意で、「涼」は水割りのこと。涼しい、冷やかの意に用いる。

意味 すずしい。冷やかですがすがしい。すずむ。不人情。

【清涼】せいりょう すがすがしいこと。

【涼意】りょうい 涼しいおもむき。

【涼陰】りょういん すずしい木かげ。涼気。

【涼雨】りょうう 夏、涼しさをもたらす雨。

【涼月】りょうげつ 秋の夜の月。

【涼天】りょうてん 涼しい秋空。

【涼涼】りょうりょう うすら寒いさま。冷やかで人と付き合わないさま。

潔

——いさぎよい ケツ

「絜」は、麻束を結んで神事に用いるもので、祓い清める意。水による清め、禊《みそぎ》の意で「潔」。和訓は、「勇《いさ》」と「清い」を合わせたもので、気高いの意。

意味 けがれなく、清らか。いさぎよい。道に反するところがない。

【潔潔】けつけつ 清らかなさま。

【潔斎】けっさい 物忌《ものいみ》をする。

海底が見える透明度の高い北の海
北海道礼文町

荒波が押し寄せる冬の日本海　北海道乙部町、突符岬

波

ハ　なみ

「皮」は、獣皮を手で剥ぎ取る形。うねうねと続くものの意があり、水流のうねりの意で「波」。和訓は、水が並んでくる「並水《なみみず》」が由来という。百重波《ももえなみ》、五百重波《いおえなみ》、八百重波《やおえなみ》、千重波《ちえなみ》。いつもどこかで風が立ち、果てしない数の波が寄せる。

意味　**水面の、風などの揺れによりうねりをなすもの。押し寄せるもの。感情や調子の起伏。**

【跡白波】　あとしらなみ
船の通った跡に立つ白波。「しらなみ」を「知らない」にかけて行方が知れなくなることの意も。

【苔小波】　こけさなみ
苔が生えているように見える、とても小さな波。

【波颪】　なみおろし
海面を吹きぬけ、波を起こす風。

【波頭】　なみがしら
盛り上がった波の一番高い所。

【波枕】　なみまくら
船の旅。旅先で波の音を聞きながら寝ること。

【波影】　はえい
波に照り返る光。

【波臣】　はしん
魚など水生の生き物。

美しい細波で知られる然別湖　北海道鹿追町

漣

さざなみ
レン

「漣」は連なる意だが、その意はもと「聯」の字から来たもの。「聯」は、耳を切ってこれを糸で貫き連ねる形。戦場で敵を討ちとった時、その左耳を切って証とし、軍功を定めた。これにちなみ、取得の「取」の字がある。一番多く取ったものは「最」。

意味 小さな波。毎秒五メートル以下の弱い風が吹く時にでき、一メートル以下の時は波ができない。さざなみは「小波」「細波」とも書く。

【漣漪】れんい
細かく立つ波。

【漣如】れんじょ
涙の流れるさま。

【漣然】れんぜん
さめざめと泣くさま。

【漣波】れんぱ
小波。

【漣淪】れんりん
波紋。

【漣漣】れんれん
涙がとめどなく流れ落ちるさま。はらはらと涙がこぼれ落ちるさま。

飛沫を上げる日御碕　島根県出雲市

浪

なみ
ロウ

「良」は、風を送り穀物の良否をよりわけて、よいものを選び出す器の形。強く揺り動かすものであることから、風浪の意に用いる。

意味 なみだつ。さ迷う。とりとめのないさま。

【徒浪】あだなみ
たいした風もなく、むやみに立つ波。変わりやすい人の心、無駄な騒ぎをたとえていう語。

濤

なみ
トウ

「壽」は、田の畝で豊穣を祈る意で、のちに長寿の意となる。長寿や幸福、呪いや鎮魂など全て神に祈り求めることを「禱」。「寿」は「壽」の省略形で、「涛《なみ・トウ》」も同じく大波を表わす異体字。

意味 大波。勢いよく押し寄せてくるもの。

【寒濤】かんとう
身を刺すような冬の荒波。

【狂濤】きょうとう
荒れ狂う大波。

激しい潮の流れの鳴門海峡　徳島県南あわじ市

潮

しお
うしお
チョウ

「朝」は、艸《くさ》の間から日があらわれ、右になお月影の残る形で、早朝の意。

意味 朝に起こるしおの干満。あさしお。

【大潮】おおしお
潮の干満の差の最も大きいこと。満月と新月の頃に生じる。「小潮《こしお》」は上弦または下弦の月の頃に起こる。

【潮頭】しおがしら
潮の波先。

【潮騒】しおさい
潮満ちる時の波のざわめき。

汐

しお
セキ

「夕」は、夕べの月の形。

意味 夕方に起こるしおの干満。ゆうしお。

【汐風】しおかぜ
汐の干満の時に吹く風。

【汐溜】しおだまり
干潮時にできる、岩礁の干潟の窪みに残る溜まり水。

大きなうねりが寄せ来る房総半島、相浜　千葉県館山市

渚

ショ　なぎさ

和訓は「波際磯《なみぎわいそ》」、「和浅《なぎあさ》」などに由来するとされる。

宇宙にも渚があるという。太陽風や紫外線、放射線、隕石が荒波のように地球へと打ち寄せる場所。止むことのない攻撃の波を、食い止めるのが大気だ。太陽との攻防で大気が放つ光が、オーロラ。戦いの炎が激しさを増すほどに、宇宙の渚は美しい光に染まる。

意味 波が打ち寄せる所。波打ち際。

【秋渚】あきなぎさ
人影の少なくなった、寂しい秋の浜辺。

【渚雨】しょう
渚の雨。

【渚雲】しょうん
渚の雲。

【渚煙】しょえん
渚のもや。

【渚崖】しょがい
小高い岸。

【渚伝】なぎさづたい
渚を伝って行くこと。渚に沿って動くこと。

【渚辺】なぎさべ
渚のあたり。

【冬渚】ふゆなぎさ
寒風や寒波のために海荒れの続く冬の渚。

夕日に輝く渚を行くエゾシカ　北海道豊富町、サロベツ海岸

汀

—みぎわ
テイ

「丁」は釘の頭の形。平らかなものの意がある。

意味 水が打ち寄せる平らな砂地。渚。

【長汀曲浦】ちょうていきょくほ
長く続く水際と、曲がりくねって変化のある浦。景色のよい海浜。

【汀曲】ていきょく
水際の入り込んだ所。

【汀洲】ていしゅう
水中に土砂が積もってできた低い陸地。中州。

【汀渚】ていしょ
渚。波打ち際。

【汀線】ていせん
海水面と陸地面との境界線。干潮時と満潮時の汀線の中間が海岸線。

【汀濘】ていねい
水際のぬかるみ。泥水。

遠くに佐渡島を望む間瀬海岸の渚　新潟県新潟市

沙

—すな
サ

「少」は、小さな砂模様の形。汀の砂をいう。

意味 すな。渚のすな。小さな粒状のもの。

【沙子】いさご
細かな石。

【沙雨】さう
細かな雨。

【沙海】さかい
すなはま。また、沙漠。

【沙場】さじょう
砂地の平原。戦場。

【沙白】さはく
白い沙。

【沙漠】さばく
降雨量が少なく、砂や岩石の多い不毛の地。

【沙漏】さろう
砂時計。

【白沙青松】はくさせいしょう
白い砂浜と青々とした松が連なる海岸の美しい景色のこと。

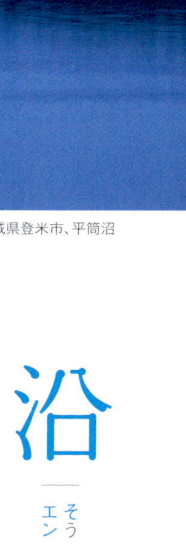

水辺に沿う桜並木の夕暮れどき　宮城県登米市、平筒沼

沿

そう
エン

右の字はもと「㕣」。「八」は神気の下る形で、「口」は祝禱をおさめる器の形。神意を承け従う意を表わし、「沿」は水の流れに従う、沿う意。

意味 そう。水路や道などにそっていく。

【沿海】《えんかい》　海に沿った地域。

【沿習】《えんしゅう》　昔からのならわし。

添

そえる
テン

「忝」は、食事に酒肴を加えることをいう。添える、加える意を表わす。

意味 そえる。加える。よりそう。夫婦となる。

【添木】《そえぎ》　草木などが倒れないよう、支えに木を添えること。

【添景】《てんけい》　風景画などで、趣を出すために加えられた人や物。

渡

わたる
ト

「度」は手で席を広げる形。席の大きさが長短の基準となり、測量の意となっている。また、こちらから向こうに及ぶという意がある。「渡」は水を渡る、渡す意を表わす。

意味 水の上を越えて向こう側に行く。渡る。生きる。

【徒渡り】かちわたり
徒歩で川を渡ること。

【渡海】とかい
船で海を渡る。渡航。

【渡世】とせい
世渡り。職業。世の中で生活していくこと。

【流れ渡り】ながれわたり
世の風潮に任せて世渡りすること。

【渡殿】わたどの
寝殿造りの建物をつなぐ屋根付きの渡り廊下。

泳

およぐ
エイ

「永」は長く続く水の流れ。その水を渡る意で「泳」。波を凌いで彼岸に及ぼうとすることから、和訓は「及ぶ」に由来するという。

意味 水に浮かび、手足で水をかきながら進む。上手に世渡りをする。

【泳層】えいそう
魚が水中を泳いでいる深さ。

【遠泳】えんえい
海などで、長い距離を泳ぐこと。

鴨川で憩うユリカモメ
京都府京都市

渉

わたる
ショウ

「歩」は左右の足跡を前後に連ねた形で、歩く意を表わす。「渉」は水の流れを歩いて渡ること。

意味 水のある所を、歩いて渡る。関わる。次から次へ他の所へ移る。

【渉禽】しょうきん
水鳥。

【渉血】しょうけつ
戦場で足を血みどろにする。

【渉想】しょうそう
想像する。

【渉猟】しょうりょう
広く歩きまわり、狩猟をする。書物を広くあさり読む。

【渉歴】しょうれき
広くめぐる。書物を広くあさる。

【徒渉・渡渉】としょう
歩いて水を渡ること。

【歴渉】れきしょう
めぐりわたること。

游

およぐ
あそぶ
ユウ

「遊」は古く「游」を用いた。中国の「詩経」に、漢水《かんすい》の女神が江漢《こうかん》の合流する地に男神を求めて舟で遊行する詩がある。人々はその姿を追い求めるが、江漢の速い流れに阻まれ見失う。いざ行かん、自由の恋路へ。

意味 遊ぶ。泳ぐ。きままにする。

【游子】ゆうし
旅人。

志高湖
大分県別府市

国際的に重要な湿地としてラムサール条約の登録地になっている伊豆沼　宮城県栗原市、登米市

【む】
むげんほうよう　夢幻泡影　45
むさわ　親沢　21
【め】
めいもく　冥沐　51
めっか　滅火　42
めっぽう　滅法　42
めりかり　減上　43
【も】
モク　沐　51
もくう　沐雨　51
もくおん　沐恩　51
もくこう　沐猴　51
もくじつ　沐日　51
もくせん　沐洗　51
もくろ　沐露　51
もゆるみず　燃ゆる水　09
【や】
やすらか　タイ　泰　65
【ゆ】
ゆ　トウ　湯　72
ゆういつ　湧溢　11
ゆうし　游子　85
ゆうしゅつ　湧出　11
ゆうしょう　湧昇　11
ゆうぜん　油然　65
ゆきげみず　雪消水　09
ゆだん　油断　65
【よ】
ヨウ　洋　27
よういつ　洋溢　27
ようかい　溶解　43
ようめい　溶明　43
ようやく　ゼン　漸　69
ようゆう　溶融　43
ようよう　溶溶　43
ヨク　沃　51
よくう　沃雨　51
よくえん　沃衍　51
よくじつ　浴日　51
よくじゃく　沃若　51
よくでん　浴殿　51
よくど　沃土　51
よくぶつ　浴仏　51
よくよく　沃沃　51
よなげや　淘屋　59
よなげる　トウ　淘　59
よるべのみず　寄辺の水　09
【ら】
らくばく　落瀑　13
らくるい　落涙　67
らんいつ　濫溢　63
らんしゅつ　濫出　63
らんしょう　濫觴　63
らんすい　濫吹　63
らんりん　濫倫　63
【り】
りゅういん　溜飲　23
りゅうう　溜雨　23
りゅうか　流霞　49
りゅうけい　流景　49
りゅうてき　溜滴　23
りゅうり　流離　49
りゅうりゅう　溜溜　23
りょうい　涼意　77
りょういん　涼陰　77
りょうう　涼雨　77
りょうげつ　涼月　77
りょうてん　涼天　77
りょうりょう　涼涼　77
リン　凛　41
りんう　淋雨　69
りんき　凛気　41
りんこ　凛乎　41
りんしゅう　淋湿　69
りんしゅう　凛秋　41
りんじゅん　凛遵　41
りんしん　凛森　41
りんぜん　凛然　41
りんとう　凛冬　41
りんぱ　淋巴　69
りんり　淋漓　69
りんりつ　凛慄　41
りんりん　凛凛　41
りんれつ　凛冽　41
【る】
るいえん　涙渕　67
【れ】
れいう　冷雨　40
れいえん　冷艶　40
れいげつ　冷月　40
れいげん　冷厳　40
れいたん　冷淡　40
れいてつ　冷徹　40
れいれい　冷冷　40
れきしょう　歴渉　85
れんい　漣漪　79
れんじょ　漣如　79
れんぜん　漣然　79
れんぱ　漣波　79
れんりん　漣淪　79
れんれん　漣漣　79
【ろ】
ろうろう　滝滝　13
【わ】
わきな　湧魚　11
わく　フツ　沸　72
わく　ユウ　ヨウ　湧　11
わすれみず　忘れ水　09
わたつみ･わだつみ　海神　24
わたどの　渡殿　85
わたる　ショウ　渉　85
わたる　ト　渡　85
ワン　湾　31
わんけい　湾渓　31
わんとう　湾頭　31
わんわんきょくきょく
湾湾曲曲　31

のうえん　濃艶　74
のうさい　濃彩　74
のうしゅん　濃春　74
のうじょう　濃情　74
のたれば　湾刃　31
【は】
ハ　派　49
はえい　波影　78
はえん　派衍　49
はかる　ソク　測　55
バク　漠　71
バク　瀑　13
ばくう　瀑雨　13
はくさせいしょう　白沙青松　83
はくしゅう　泊舟　31
はくじょ　泊如　31
ばくじょ　漠如　71
ばくすい　瀑水　13
ばくせい　瀑声　13
ばくぜん　漠然　71
はくち　泊地　31
ばくばく　漠漠　71
ばくふ　瀑布　13
ばくふせん　瀑布線　13
ばくまつ　瀑沫　13
ばくめい　漠溟　71
ばくりゅう　瀑流　13
はげしい　ゲキ　激　52
はしゅつ　派出　49
はしん　波臣　78
はせい　派生　49
ばつう　沫雨　45
ばっぽんそくげん　抜本塞源　10
はて　ガイ　涯　53
はま　ヒン　浜　25
はまべ　浜辺　25
はるのみなと　春の湊　30
ハン　氾　63
はんこ　氾乎　63
はんし　泛使　33
はんしゅう　泛舟　33
ばんすい　万水　09
はんはん　氾氾　63
はんはん　泛泛　33
はんぷ　氾浮　63
はんらん　氾濫　63
はんらんげん　氾濫原　63
はんりゅう　泛流　33
はんろん　氾論　63
【ひ】
ひがた　干潟　57
ひせん　飛泉　11
ひそむ　もぐる　セン　潜　55
ひたす　シン　浸　47
ひたす　カン　涵　47
ひなたみず　日向水　09
ひばく　飛瀑　13
ひもかがみ　氷面鏡　38
ビョウ　淼　19
ビョウ　渺　19
びょうえん　渺遠　19
ひょうかい　氷海　38
ひょうかいみん　漂海民　45
ひょうぐう　漂寓　45
びょうこ　渺乎　19
びょうこう　淼浩　19
ひょうじゅん　氷筍　38
ひょうせつ　漂説　45
びょうぜん　渺然　19
ひょうてん　氷天　38
ひょうはく　漂泊　31
ひょうひょう　漂漂　45
びょうびょう　淼淼　19
びょうびょう　渺渺　19
びょうぼう　淼茫　19
びょうぼう　渺茫　19
びょうまん　淼漫　19
ひょうむ　氷霧　38
びょうりょう　淼寥　19
ひょうれい　漂零　45
ひょうろう　漂浪　45
ひるぎ　漂木　45
【ふ】
ふかい　シン　深　54
ふくそう　輻湊　30
ふしゅく　不淑　77
ふち　エン　淵　15
ふち　タン　潭　15
ふつうつ　沸鬱　72
ふつふつ　沸沸　72
ふふ　浮浮　44
ふゆなぎさ　冬渚　82
【へ】
へきすい　碧水　09
へきたん　碧湍　53
へる　ゲン　減　43
【ほ】
ほうげん　泡幻　45
ぼうばく　茫漠　71
ほうほう　泡泡　45
ぼうよう　茫洋　27
ボツ　没　46
ぼつが　没我　46
ぼっきゃく　没却　46
ほら　ドウ　洞　53
ほり　ゴウ　濠　23
ほろびる　メツ　滅　42
ほんたん　奔湍　53
【ま】
まけみぞ　儲溝　23
まじる　コン　混　60
まつふつ　沫沸　45
まんがん　満願　62
まんげん　漫言　18
まんぽ　漫歩　18
まんまん　漫漫　18
【み】
みお　レイ　澪　33
みおぎ　澪木　33
みおすじ　澪筋　33
みおつくし　澪標　33
みおびき　澪引き　33
みぎわ　テイ　汀　83
みごもりぬま　水籠り沼　20
みず　スイ　水　08
みずうみ　コ　湖　18
みずぐき　水茎　09
みずごおり　水氷　09
みずしも　水霜　09
みずまさぐも　水増雲　09
みずわ　水輪　09
みぞ　どぶ　コウ　溝　23
みぞうみ・みぞうめ　溝埋　23
みそっかす　味噌っ滓　71
みだれる　ラン　濫　63
みちる　マン　満　62
みなぎる　チョウ　漲　63
みなと　コウ　港　30
みなと　ソウ　湊　30
みなとかぜ　港風　30
みなとじ　港路　30
みなもと　ゲン　ガン　源　10
みなわ　水泡　45
みゆき　深雪　54

たんぷ　潭府　15
たんらい　湍瀬　53
たんりゅう　湍流　53
たんわ　淡話　75
【ち】
ちぎょこえん　池魚故淵　15
ちこく　治国　22
ちさん　治山　22
ちじょう　池上　22
ちしん　池心　22
ちへい　治平　22
ちゅうか　注夏　50
ちゅうし　沖子　28
ちゅうせい　沖静　28
ちゅうてん　沖天　28
ちゅうわ　沖和　28
ちょうかい　漲海　63
ちょうこ　凋枯　41
ちょうこう　澄高　77
ちょうしん　澄心　77
ちょうじん　凋尽　41
ちょうせい　澄清　77
ちょうそう　凋霜　41
ちょうていきょくほ
長汀曲浦　83
ちょうてつ　澄徹　77
ちょうねん　凋年　41
ちょうらく　凋落　41
ちょうれい　凋零　41
ちんうん　沈雲　46
ちんし　沈思　46
ちんせん　沈潜　46
ちんでん　沈澱　47
【つ】
つ　シン　津　31
つける　シ　漬　47
つつうらうら　津々浦々　31
つつげ　淋滲　69
つめたい　ひえる　さめる
レイ　冷　40
つゆ　エキ　液　43
【て】
ていい　涕洟　67
ていきゅう　涕泣　67
ていきゅう　啼泣　67
ていきょく　汀曲　83
ていげん　涕泫　67
ていしゅう　汀洲　83
ていしょ　汀渚　83
ていせん　汀線　83
ていねい　汀濘　83
ているい　涕涙　67
ていれい　涕零　67
ていれん　涕漣　67
てきえん　滴円　66
てきけつ　滴血　66
できじょ　滌除　58
できじょう　滌浄　58
てきてき　滴滴　66
でっし　涅歯　71
でつはつ　涅髪　71
でみず　出水　09
てんがいこどく　天涯孤独　53
てんがいひりん　天涯比隣　53
てんきゅう　天泣　67
てんくうかいかつ　天空海闊　24
てんけい　添景　84
てんこう　沾洽　65
でんぷん　澱粉　47
【と】
とうう　凍雨　39
とうき　淘気　59
どうきゅう　洞究　53
どうぎょう　洞暁　53
とうげん　桃源　10
とうさ　淘沙　59
どうし　洞視　53
とうじゅ　凍樹　39
とうじょう　淘浄　59
どうしょう　洞照　53
とうせい　淘井　59
どうぜん　洞然　53
とうた　淘汰　59
どうたつ　洞達　53
どうたん　洞胆　53
どうてん　洞天　53
とうとう　淘淘　59
どうどう　洞洞　53
どうめい　洞冥　53
とかい　渡海　85
ときつかぜ　時津風　31
とける　ヨウ　溶　43
とことわ　常永久　17
としのみなと　年の湊　30
としょう　徒渉・渡渉　85
とせい　渡世　85
とどこおる　タイ　滞　61
とまりやま　泊まり山　31
とまる　ハク　泊　31
とろ　セイ　ジョウ　瀞　15
どろ　なずむ　デイ　泥　20
どろなわ　泥縄　20
とろみ　瀞み　15
とろむ　瀞む　15
トン　沌　61
【な】
ないわん　内湾　31
ながい　エイ　永　17
ながれる　リュウ　ル　流　49
ながれわたり　流れ渡り　85
なぎ　凪　29
なきごと　泣き言　67
なぎさ　ショ　渚　82
なぎさづたい　渚伝　82
なぎさべ　渚辺　82
なく　キュウ　泣　67
なだ　タン　ダン　灘　29
なみ　ハ　波　78
なみ　ロウ　浪　80
なみ　トウ　濤　80
なみおろし　波颪　78
なみがしら　波頭　78
なみだ　ルイ　涙　67
なみだ　テイ　涕　67
なみだあめ　涙雨　67
なみだがすみ　涙霞　67
なみだがわ　涙川　67
なみだきん　涙金　67
なみまくら　波枕　78
なんじゅう　難渋　61
なんぱ　軟派　49
【に】
にげみず　逃水　09
にごる　ダク　濁　60
にじむ　シン　滲　68
にゅうえき　入液　43
【ぬ】
ぬくぬく　温温　73
ぬま　ショウ　沼　20
ぬれる　そぼつ　ジュ　濡　64
【ね】
ねなしみず　根無し水　09
ねはん　涅槃　71
【の】

郵便はがき

料金受取人払郵便

京都北支店承認

3020

差出有効期間
平成26年5月
24日まで

切手を貼らずに
お出し下さい

6038790

030

（受取人）

京都市北区上賀茂
岩ヶ垣内町89-7

青菁社 行

ご住所 〒　　　　TEL

ご氏名（ふりがな）

男・女　　才

ご職業	ご購読の新聞·雑誌名

お買上げ書店名

この本の発行は何でお知りになりましたか？
1.新聞（新聞名　　　　）　2.書店　3.雑誌（雑誌名　　　　）
4.内容見本　5.知人·先生にすすめられて　6.その他（　　　　）

愛読書カード

さんずい

※小社出版物をお買上げ下さいまして有難うございました。
他にご希望商品がございましたらお近くの書店へお申し込み下さい。
書店がお近くにない場合はこのハガキからもご注文いただけます。
その場合は、別途送料（200円～350円）を申し受けます。

書　　名	著　者	定価（税込み）	冊　数
言葉の風景	野呂希一	2,940円	冊
続・言葉の風景	野呂希一	2,940円	冊
暦の風景	野呂希一	2,940円	冊
色の風景Ⅰ　空と水	野呂希一	2,940円	冊
色の風景Ⅱ　花と木	野呂希一	2,940円	冊
色の風景Ⅲ　ふるさと	野呂希一	2,940円	冊
旅路の風景	野呂希一	2,940円	冊
日々の風景	野呂希一	2,940円	冊
さくら	野呂希一	2,940円	冊
季節のことば　春	野呂希一	1,890円	冊
季節のことば　夏	野呂希一	1,890円	冊
季節のことば　秋	野呂希一	1,890円	冊
季節のことば　冬	野呂希一	1,890円	冊
くさかんむり	野呂希一	1,890円	冊

上記商品は絶版（品切）の場合もありますのでご了承下さいませ。
インターネット上でも青菁社の情報を案内しています。

※お客様の個人情報は、当社内での参考資料、新刊の御案内、
お客様への御発送以外での使用はいたしません。

すはま　洲浜　57
すべすべ　滑滑　65
すべる　なめらか
カツ　コツ　滑　65
すむ　チョウ　澄　77
すんしそくえん　寸指測淵　55
【せ】
せ　ライ　瀬　57
せいえん　清遠　76
せいこう　清光　76
せいしゅう　清秋　76
せいしゅく　清淑　77
せいしん　清深　76
せいせい　清清　76
せいだく　清濁　60
せいりょう　清涼　77
せいれつ　清冽　76
せいわ　清和　76
せおと　瀬音　57
せがしら　瀬頭　57
せきこ　潟湖　57
せきろ　潟鹵　57
せせ・せぜ　瀬瀬　57
せまくら　瀬枕　57
せみ　瀬見　57
せんい　洗胃　59
せんか　泉下　11
せんかい　浅海　56
せんこう　洗甲　59
せんざい　潜在　55
せんじ　洗耳　59
ぜんし　漸漬　69
せんじゅ　沾濡　65
せんしゅん　浅春　56
せんしん　洗心　59
せんしん　潜心　55
ぜんしん　漸進　69
せんすい　浅水　56
せんせい　泉声　11
せんせき　泉石　11
せんせつ　洗雪　59
せんせん　沾沾　65
せんせん　浅浅　56
ぜんぜん　漸漸　69
せんそう　潜踪　55
せんち　泉地　11
せんち　浅知　56
せんとく　潜徳　55
ぜんとようよう　前途洋洋　27
ぜんにゅうかきょう
漸入佳境　69
ぜんま　漸摩　69
せんみゃく　泉脈　11
せんむ　浅夢　56
【そ】
ソ　ショ　沮　21
そう　エン　沿　84
ソウ　滄　55
そううん　漕運　33
そうかい　滄海　55
そうしゅ　漕手　33
そうそう　滄滄　55
そうそうのへん　滄桑之変　55
そうてん　漕転　33
そうぼう　滄茫　55
そえぎ　添木　84
そえる　テン　添　84
そかい　沮壊　21
そがい　沮害　21
そくおん　測恩　55
そくしん　測深　55
そくてん　測天　55
そげん　遡源　10
そじょ　沮洳　21
そじょう　溯上　49
そそう　沮喪　21
そそぐ　チュウ　注　50
そそぐ　カン　灌　50
そぞろ　すずろ　マン　漫　18
そぞろあめ　漫ろ雨　18
そぞろがみ　漫ろ神　18
そとぼり　外濠　23
そは　溯波　49
そばかす　蕎麦滓　71
そふう　溯風　49
そよく　沮抑　21
【た】
タ　汰　59
たいあん　泰安　65
たいうん　泰運　65
たいくう　滞空　61
たいざんほくと　泰山北斗　65
たいし　滞思　61
たいぜん　泰然　65
たいへい　泰平　65
たいるい　滞累　61
たかみず　高水　09
たき　ロウ　滝　13
たきかぜ　滝風　13
たきぐち　滝口　13
たきつぼ　滝壺　13
たきなみ　滝波　13
たぎる　コン　滾　11
たくう　沢雨　21
たくえい　濯纓　59
たくけい　濯禊　59
たくしう　濯枝雨　59
たくじゅん　沢潤　21
たくそく　濯足　59
たくたく　濯濯　59
たし　汰侈　59
たたえる　タン　湛　62
ただよう　ヒョウ　漂　45
たに　ケイ　渓　14
たにま　渓間　14
たまげる　魂消る　42
たまのいずみ　玉の泉　11
たまみず　玉水　09
だみえ　濃絵　74
ためいき　溜息　23
ためいろ　溜色　23
ためる　リュウ　溜　23
たるひ　垂氷　38
タン　湍　53
たんうん　淡雲　75
たんえい　潭影　15
たんえん　潭淵　15
たんおう　潭奥　15
たんかん　湍悍　53
だんきょう　灘響　29
たんげき　湍激　53
たんけつ　湍決　53
たんげつ　淡月　75
たんげつ　潭月　15
たんさい　淡彩　75
たんし　潭思　15
たんしゅう　潭湫　15
たんじょう　潭上　15
たんしん　潭深　15
たんすい　湍水　53
たんたん　淡淡　75
たんたん　湛湛　62
たんたん　潭潭　15
たんでき　湛溺　62

こかい　湖海　18
こぐ　ソウ　漕　33
こけさなみ　苔小波　78
こしょく　湖色　18
こたん　枯淡　75
こてつ　涸轍　70
こもりえ　隠り江　17
こる　ギョウ　凝　41
こんか・こんわ　混和　60
コンクリート　混凝土　41
こんげん　混元　60
こんこん　滾滾　11
こんず　濃漿　74
こんせい　混生　60
こんてん　滾転　11
こんとん　渾沌　61
こんふつ　滾沸　11

【さ】

さいかいもくよく　斎戒沐浴　51
さいひょう　細氷　38
さう　沙雨　83
さえかえる　冴え返る　39
さえざえ　冴え冴え　39
さえる　ゴ　冴　39
さかい　沙海　83
さかのぼる　ソ　溯　49
さざなみ　レン　漣　79
ささにごり　小濁り　60
さじょう　沙場　83
さた　沙汰　59
さはく　沙白　83
さばく　沙漠　83
さびしい　リン　淋　69
さろう　沙漏　83
さわ　タク　沢　21
サン　汕　32
さんさん　汕々　32
ざんし　残滓　71
ざんてき　残滴　66

【し】

ジ　シ　滋　68
じう　滋雨　68
しお　うしお　チョウ　潮　81
しお　セキ　汐　81
しお　滓汚　71
しお　漬汚　47
しおがしら　潮頭　81
しおかぜ　汐風　81
しおさい　潮騒　81
しおだまり　汐溜　81
しおなわ　潮沫　45
ししゅく　私淑　77
ししん　漬浸　47
しずく　したたる　テキ　滴　66
しずむ　チン　沈　46
しだく　滓濁　71
しつうん　湿雲　21
しつげん　湿原　21
しっこく　漆黒　69
しつじゅん　湿潤　21
しっしょう　漆匠　69
しっしん　漆身　69
しっすい　湿翠　21
しつどう　漆瞳　69
しっぷう　湿風　21
しでい　滓泥　71
しとやか　シュク　淑　77
しぶ　しぶい　ジュウ　渋　61
しぶいろ　渋色　61
しぶき・ひまつ　飛沫　45
しぶくち　渋口　61
しぶしぶ　渋渋　61
しぶつら・しぶめん・じゅうめん　渋面　61
しぶみ　渋味　61
しぼむ　チョウ　凋　41
しま　漬磨　47
しめる　シツ　湿　21
しゅうしゅう　湿湿　21
しゅうしょ　洲渚　57
しゅうはん　洲畔　57
しゅくき　淑気　77
しゅくしゅく　淑淑　77
しゅくとく　淑徳　77
じゅしゅ　濡首　64
じゅじゅん　濡潤　64
しゅたくぼん　手沢本　21
しゅつえき　出液　43
じゅんれい　潤麗　64
しょう　渚雨　82
しょうか　消夏　42
しょうきん　渉禽　85
しょうけつ　渉血　85
しょうこう　消光　42
しょうしょう　湯湯　72
しょうそう　渉想　85
じょうど　浄土　58
しょうよう　消揺　42
しょうりょう　渉猟　85
しょうれき　渉歴　85
しょうん　渚雲　82
しょえん　渚煙　82
しょがい　渚崖　82
しらたき　白滝　13
しんえん　深遠　54
しんかい　深懐　54
しんかん　深閑　54
しんき　深輝　54
しんし　滲漬　68
しんしゅう　神洲　57
しんしゅつ　滲出　68
しんじゅん　浸潤　47
しんしょくりんね　浸食輪廻　47
しんしん　津津　31
しんしん　深深　54
しんとう　滲透　68

【す】

す　シュウ　洲　57
すいうん　水雲　09
すいか　水火　09
すいかい　水界　09
すいぎょく　水玉　09
すいげつ　水月　09
すいげんかんようりん
水源涵養林　47
すいこく　水国　09
すいさん　水山　09
すいしょく　水食　09
すいせい　水声　09
すいてんいっしき　水天一色　09
すいど　水土　09
すいは　水巴　09
すいばれ　水晴　09
すいめい　水明　09
すいらん　水嵐　09
すいり　水理　09
すすぐ　タク　濯　59
すずしい　リョウ　涼　77
すずろごころ　漫ろ心　18
すずろごと　漫ろ言　18
すどり　洲鳥　57
すな　サ　沙　83
すながし　洲流し　57

おんこちしん　温故知新　73
おんじゅん　温順　73
おんせい　温清　73

【か】

かいえん　海淵　15
かいかん　海涵　47
がいがん　涯岸　53
がいげん　涯限　53
かいじゅう　晦渋　61
かいしょく　海食・海蝕　24
がいぶん　涯分　53
かいよう　海洋　27
かいり　リ　浬　33
かうん　河雲　17
かかい　河海　17
かげん　加減　43
かす　おり　シ　滓　71
かた　セキ　潟　57
かちわたり　徒渡り　85
かつあい　渇愛　70
かつかつ　活活　13
かつかん　滑甘　65
かっさつ　活殺　13
かっしょう　滑翔　65
かっすい　活水　13
かったく　滑沢　65
かつだつ　滑脱　65
かつみょう・かつめい　渇命　70
かつもん　活門　13
かつろ　活路　13
かふう　河風　17
からぼり　空濠　23
かれる　コ　涸　70
かわ　カ　河　17
かわあかり　河明　17
かわく　カツ　渇　70
かんいく　涵育　47
かんかん　灌灌　50
かんごうしゅうらく
環濠集落　23
かんしつ　乾漆　69
かんじゅ　涵濡　47
かんちく　涵蓄　47
かんとう　寒濤　80
かんぺき　涵碧　47
かんぼく　灌木　50

【き】

キ　汽　73
きえる　けす　ショウ　消　42
きげん　起源　10
きすい　汽水　73
きせん　汽船　73
きせんは　汽船波　73
きてき　汽笛　73
きめる　ケツ　決　49
きゅうけつ　泣血　67
きゅうこく　泣哭　67
きゅうだん　急灘　29
きよい　ジョウ　浄　58
きよい　さやか　セイ　清　76
ぎょうう　凝雨　41
きょうがい　境涯　53
ぎょうけつ　凝結　41
ぎょうぜん　凝然　41
きょうとう　狂濤　80
ぎょうぼう　凝望　41
きょうわん　峡湾　31
ぎょしょく　漁食　32
きりょく　汽力　73

【く】

くらげ　水母　09
くらごう　暗河　17
くり　デツ　ネ　涅　71
くりいろ　涅色　71

【け】

けいう　渓雨　14
けいうん　渓雲　14
けいがく　渓壑　14
けいげつ　渓月　14
けいせい　渓声　14
けいらん　渓嵐　14
けいりゅうばく　渓流瀑　14
けがす　よごす　きたない
オ　汚　61
げきえつ　激越　52
げきげき　激激　52
けっか　決河　49
けつけつ　決決　49
けつけつ　潔潔　77
けっさい　潔斎　77
けっすい　決水　49
けつぜつ　決絶　49
げんき　減気　43
げんそう　減竈　43
げんめつ　幻滅　43
げんりゅう　源流　10

【こ】

こい　ノウ　濃　74
コウ　洪　52
コウ　洸　27
コウ　浩　27
こういん　浩飲　27
こうう　江雨　17
こううんりゅうすい
行雲流水　09
こうおん　洪恩　52
こうか　江花　17
こうがく　溝壑　23
ごうきゅう　号泣　67
こうぎょ　港魚　30
こうげつ　江月　17
こうこ・ごうこ　江湖　17
こうこう　洪荒　52
こうこう　洸洸　27
こうこう　浩劫　27
こうこう　浩浩　27
こうこう　港口　30
こうしょう　浩笑　27
こうとう　浩蕩　27
こうは　硬派　49
こうばく　荒漠　71
こうびょう　浩渺　27
こうまん　浩漫　27
こうよう　洸洋　27
こうよう　洸瀁　27
こうろ　浩露　27
こうろう　洸朗　27
こうん　湖雲　18
こえん　湖煙　18
こおり　ひ　ヒョウ　氷　38
こおる　こごえる　いてる
トウ　凍　39

さんずい 索引

【あ】

あきなぎさ　秋渚　82

あこぎ　阿漕　33

あさあさ　浅浅　56

あさい　セン　浅　56

あさぎ　浅木　56

あさで　浅傷　56

あさる　いさる　すなどる　ギョ
リョウ　漁　32

あたたか　ぬくい　ぬるむ

オン　ウン　温　73

あだなみ　徒浪　80

あとしらなみ　跡白波　78

あびる　ヨク　浴　51

あぶくぜに　泡銭　45

あぶら　ユ　油　65

あぶらでり　油照り　65

あぶらなぎ　油凪　65

あぶれか　溢蚊　63

あぶれもの　溢れ者　63

あふれる　あぶれる　こぼす
イツ　溢　63

あまつみず　天つ水　09

あめのうお　江鮭　17

あめんぼ　水馬　09

あらう　セン　洗　59

あらう　すすぐ

デキ　ジョウ　滌　58

あらみぞ　荒溝　23

あわ　あぶく　ホウ　泡　45

あわ　マツ　バツ　沫　45

あわい　タン　淡　75

あわいと　沫糸　45

あわしお　沫塩　45

あわぶく　口沫　45

あわゆき　泡雪　45

あわゆき　淡雪　75

【い】

いきる　カツ　活　13

いけ　チ　池　22

いさぎよい　ケツ　潔　77

いさご　沙子　83

いさらみず　細小水・潦水　09

いさりび　漁火　32

いずみ　セン　泉　11

いついつ　溢溢　63

いっすい　一水　09

いってんしかい　一天四海　24

いてたき　凍滝　13

いとみず　糸水　09

いびちんたい　萎靡沈滞　61

【う】

うかぶ　ハン　泛　33

うきぐも　浮雲　44

うきせ　憂き瀬　57

うきたから　浮宝　44

うきぬま　浮沼　20

うく　フ　浮　44

うず　カ　渦　44

うずらい　渦雷　44

うたかた　泡沫　45

うたく　雨濯　59

うちぼり　内濠　23

うちゅう　雨注　50

うてき　雨滴　66

うなさか　海堺・海界　24

うみ　カイ　海　24

うもれみず　埋れ水　09

うら　ホ　浦　25

うらうら　浦浦　25

うらみ・うらわ　浦曲　25

うるおう　セン　テン　沾　65

うるおう　うるむ　ジュン　潤　64

うるし　シツ　漆　69

うるしかぶれ　漆瘡　69

うるみごえ　潤声　64

うんえんひょうびょう
雲烟縹渺　19

うんき　温気　73

うんでいばんり　雲泥万里　20

【え】

え　コウ　江　17

えいえい　永永　17

えいきゅうとうど　永久凍土　39

えいけつ　永訣　17

えいじつ　永日　17

えいせい　永世　17

えいそう　泳層　85

えいぼ　永慕　17

えきう　液雨　43

えんい　淵意　15

えんえい　遠泳　85

えんえん　淵淵　15

えんかい　沿海　84

えんかつ　円滑　65

えんげん　淵原・淵源　15

えんこ　淵古　15

えんしゅう　沿習　84

えんち　淵智　15

えんめつ　煙滅　42

えんもく　淵黙　15

えんよう　遠洋　27

【お】

おうせ　逢瀬　57

おうよう　汪洋　27

おおしお　大潮　81

おき　チュウ　沖　28

おきあい　沖合　28

おきつありそ　沖つ荒磯　28

おきつかぜ　沖つ風　28

おきつくに　沖つ国　28

おきをこぐ　沖を漕ぐ　28

おこう　汚行　61

おさめる　チ　治　22

おしゅう　汚習　61

おだく　汚濁　61

おち　汚池　61

おちみず　復水・変若水　09

おてん　汚点　61

おとく　汚涜　61

おとこみず　男水　09

おなごみず　女子水　09

およぐ　エイ　泳　85

およぐ　あそぶ　ユウ　游　85

おり　よどむ　デン　澱　47

おんが　温雅　73

参考文献［五十音順］

「海の名前」（中村庸夫文・写真／東京書籍）

「海の本」（吉野雄輔企画・写真／角川書店）

「角川　新字源」（小川 環樹・西田太一郎・赤塚忠編／角川書店）

「漢字の字源」（阿辻哲次著／講談社現代新書）

「漢字のはなし」（阿辻哲次著／岩波書店）

「広辞苑」（第五版／岩波書店）

「古事記」（角川書店）

「ザ・漢字－「字源」から「パソコン文字登録」までの最強の雑学本－」
（阿辻哲次・田中有・西口智也・村山吉廣・柚木利博著／学習研究社）

「字通」（白川静著／平凡社）

「白川静さんに学ぶ漢字は怖い」（小山鉄郎著／共同通信社）

「白川静さんに学ぶ漢字は楽しい」（白川静監修　小山鉄郎編／共同通信社）

「新潮日本語漢字辞典」（新潮社）

「新編大言海」（大槻文彦著／冨山房）

「吉良竜夫著作集3　世界の湖と琵琶湖―国際化する水戦争」（吉良竜夫著／新潮社）

「日本国語大辞典」（小学館）

「日本の漢字」（笹原宏之著／岩波書店）

「普及版　新訂字統」（白川静著／平凡社）

「部首のはなし－漢字を解剖する－」（阿辻哲次著／中央公論新社）

「見えない巨大水脈　地下水の科学－使えばすぐには戻らない「意外な希少資源」－」
（日本地下水学会・井田徹治著／講談社）

「水と日本人」（鳥越皓之著／岩波書店）

「水のことのは」（ネイチャー・プロ編集室構成・文／幻冬舎）

「水は生きている」（日本の水を考える会編／世界文化社）

「文字遊心」（白川静著／平凡社）

※その他、さまざまな書籍、資料等からヒントをいただきました。

［関連書籍］
「季節のことば」　春夏秋冬　全4巻
野呂希一／写真・文　池藤あかり／文
各1800円（税別）
A5判　96頁　オールカラー　上製本

春夏秋冬の移ろい豊かな日本の風景と、それぞれにふさわしいことば約500選を配した季節の旅を巡るシリーズ。

さんずい

発行日　2012年6月26日 第1刷

写真・構成　野呂希一

文　池藤あかり

装丁・デザイン　乾山工房、吉田貴昭

印刷　株式会社 サンエムカラー

製本　新日本製本株式会社

発行者　日下部忠男

発行所　株式会社 **青菁社**
〒603-8053 京都市北区上賀茂岩ヶ垣内町89-7
TEL075-721-5755 FAX075-722-3995
振替 01060-1-17590

ISBN 978-4-88350-160-1 C0672

◎無断転載を禁ずる